Der Dresdner SemperOpernball

Jürgen Helfricht

Der Dresdner Semper Opern ball

*Herausgegeben
von Hans-Joachim Frey*

Inhalt

Von Sachsens barockem Sonnenkönig
bis zu den legendären Hofbällen

Seite 8

Wiener Blut in Elbflorenz –
die Strauß-Dynastie liebte Dresden

Seite 18

Prachtvolle Architektur
macht Europas schönste Oper zum Juwel

Seite 21

Alpenglühen und Twostepp –
als die Ballhäuser boomten

Seite 28

Die ersten Dresdner Opernbälle
in den Goldenen Zwanzigern

Seite 34

Das legendäre Musenfest im
Untergangstaumel des Jahres 1989

Seite 42

Geheimplan Opernball –
Mitternachtstest und Millionenrisiko

Seite 52

Zündende Idee in letzter Minute –
der Heilige aus purem Gold

Seite 62

2006 – die faszinierende Tradition
erlebt ihre Renaissance

Seite 70

Eine Stadt im Walzerrausch –
der einzigartige SemperOpenairball

Seite 80

Feuerwerk, Tanzrekord
und mittendrin der MDR

Seite 88

Spezialauftrag! Wie lockt man
Russlands ersten Mann an die Elbe?

Seite 97

»So veränderte der Ball mein Leben« –
Impresario Hans-Joachim Frey

Seite 104

Tanzschule, Anprobe, Eröffnungswalzer –
endlich Debütant!

Seite 112

Wenn Weltstars, Milliardäre und
Wirtschaftsbosse nach Dresden jetten
    Seite 120

Als Wolfgang Stumph blitzschnell
den Opernball-Abend rettete
    Seite 130

Hollywood-Legende Maximilian Schell:
»Dresden ist schöner als Wien!«
    Seite 134

Nichts zum Anheften für Gérard Depardieu –
da hilft nur eine Notlüge
    Seite 138

Silvia von Schweden –
eine Königin tanzt dem Protokoll davon
    Seite 144

Ball-Künstler erster Güte: Helene Fischer,
Udo Jürgens und das Moulin Rouge
    Seite 148

Hochkultur oder TV-Unterhaltung –
wie viel Show verträgt die Oper?
    Seite 154

Team mit Nerven wie Stahlseile –
wir beherrschen das Chaos!
    Seite 160

Tausende dienstbare Geister
vor und hinter den Kulissen
    Seite 166

Ausblicke für den
Dresdner SemperOpernball
    Seite 170

SemperOpernbälle
1925 – 2015   Seite 174

Preisträger »Dresdner St. Georgs Orden
des SemperOpernballs« 2006 bis 2014
    Seite 175

Anhang
Personenregister,
Literatur,
Fotonachweis,
Dank
Impressum
    Seite 178

Von Sachsens barockem Sonnenkönig bis zu den legendären Hofbällen

Das französische Versailles war unübertroffen groß und verschwenderisch, die österreichisch-ungarische Machtzentrale Wien überaus repräsentativ und glanzvoll. Zu Anfang des 18. Jahrhunderts rühmte man in halb Europa außerdem die Atmosphäre in Sachsens Haupt- und Residenzstadt Dresden als prächtig-galant. Hier sprühten die Funken einer ganz besonderen Magie, welche die Gäste durch einzigartige Lustbarkeiten, schier nicht enden wollende Hoffeste, Karnevalsveranstaltungen und Zeremonien in ihren Bann zog. »… Dresden schien zu meiner Zeit ein rechtes bezauberndes Land, welches sogar die Träume der alten Poeten noch übertraf«, schrieb verzückt der Gelehrte und Staatsmann Johann Michael von Loen nach seiner Visite im Jahre 1718. Über die Kurzweil herrschte einer der prunkvollsten Fürsten der Barockzeit, der seit 1736 am Ursprungsort seines vielfältigen Wirkens als Goldener Reiter überlebensgroß verewigt ist und nach dem (und dessen Sohn) eine Epoche mitteldeutscher Geschichte sogar »augusteisches Zeitalter« heißt: Kurfürst Friedrich August I., genannt: der Starke.

Überraschend, ja völlig unvorbereitet hatte er 24-jährig die sächsische Kurwürde von seinem älteren Bruder geerbt, welcher sich mit Pocken infiziert und das Zeitliche gesegnet hatte. Augusts politisches Ziel war schon wenig später eine Königskrone, und zwar die polnische. Unwichtig, dass er dafür den polnischen Adel bestechen und zum Katholizismus konvertieren musste. Um Gelder für seine Machtgelüste aufzubringen, verkaufte Friedrich August I. neben Juwelen des Staatsschatzes sogar uralte kursächsische Ländereien und Herrschaftsansprüche samt dem Stammkloster und den Grüften seiner Ahnen auf dem Petersberg bei Halle. Am 15. September 1697 krönte man ihn schließlich als August II. in Krakau zum König von Polen. Drei Jahre später brach er einen Krieg gegen die Schweden vom Zaun – wurde vernichtend geschlagen und verlor die polnische Krone. Die Schweden besetzten daraufhin im Herbst 1706 Sachsen. Besatzungskosten: geschätzte 35 Millionen Taler. Unter weiteren großen Opfern für die Sachsen kehrte August zwar 1709 auf den Königsthron zurück, doch die Polen liebten ihn nie. Noch heute ist sein Sarg am Ende eines spärlich beleuchteten Ganges im Keller des königlichen Doms auf dem Krakauer Wawel abgestellt, während in Dresden – fast wie eine Reliquie verehrt – sein einbalsamiertes Herz ruht. In einer silbernen, innen vergoldeten Kapsel fand es in der Wettiner-Gruft der Katholischen Hofkirche den Ehrenplatz. Andächtig von Touristen bestaunt, die etwas von seinen angeblich 365 Kindern raunen. Dabei ging er nur mit acht Mätressen eine mehr oder minder feste Verbindung ein. Und legitimierte neben seinem ehelichen Sohn und Nachfolger acht außereheliche Kinder. An der Elbe vergisst man zu gerne, dass August II. für seine Verschwendungssucht immer neue Steuern ersann, seine Ehefrau fast 30 Jahre lang vom Hofe fernhielt, die durchtanzten Festwochen zur Prinzenhochzeit 1719 in eine Zeit der größten Hungersnot und Teuerung im Lande fielen. In Dresden

Rechts:
August der Starke mit Marschallstab zu Pferde:
So wurde Sachsens Kurfürst Friedrich August I.,
als König der Polen August II., um 1718
vom Franzosen Louis de Silvestre gemalt.

Der 1553 angelegte und 1627/33 vergrößerte Riesensaal im Ostflügel des Dresdner Residenzschlosses (Zustand 1678)

sah und sieht man vor allem das Schöne. Hier sind die Wunder zu bestaunen, die der schöpferisch begabte, sich mit genialen Architekten und Künstlern umgebende Mann vollbrachte: Bauwerke wie zum Beispiel der Zwinger, das Taschenbergpalais, die Neue Königsstadt (Neustadt) mit dem Japanischen Palais, die Schlösser Pillnitz und Moritzburg oder das Park-Ensemble Großsedlitz. Unter dem Kurfürst-König wurde die Stadt zweifellos zu einer Residenz von europäischem Rang. Einzigartige Schätze ließ er für das Grüne Gewölbe anfertigen, aus China und Japan die wertvollsten Porzellane beschaffen. Dem Irrglauben seiner Zeit verfangen, man könne mit alchimistischen Methoden Gold gewinnen, förderte er die Herstellung des ersten

Großer Ballsaal in einer Fotografie aus dem Jahre 1896

Am 4. September 1719 fand anlässlich der Vermählungsfeierlichkeiten am Dresdner Hof dieser Zeremonienball im Riesensaal statt.

Noch zu Ende des 19. Jahrhunderts ließen sich Hofball-Gäste per Sänfte ins Schloss tragen.

Südwestseite des Dresdner Residenzschlosses mit der 1896 errichteten Wettinsäule

europäischen Hartporzellans. Und gründete für sein Weißes Gold 1710 die Manufaktur Meissen®.

August der Starke fühlte sich Frankreichs Sonnenkönig Ludwig XIV., dem Kaiser von China, Indiens Maharadschas oder den Sultanen des Osmanischen Reiches durchaus ebenbürtig. Er errichtete Paläste, von denen er glaubte, sie sähen jenen in China ähnlich, leistete sich neben einer Schweizer Garde wie beim Papst noch eine Janitscharen-Leibwache. Und erträumte sich als »Herkules Saxonicus« mit pompösen Festen einen Platz im Olymp. Den Fürsten als »Sonne«, um die alles kreiste – typisch feudalabsolutistisch eben –, repräsentierte er wie kaum ein anderer, agierte selbst als Impresario und ließ sich feiern wie ein Gott. Mehr als 1000 Fürsten, Grafen, Barone und Edelleute – fast alle kamen mit Familie und Dienerschar – lud sich August beispielsweise anlässlich der Vermählung seines Sohnes Friedrich August mit der Kaisertochter Maria Josepha 1719 für einen Monat nach Dresden ein. Beim Fest der Superlative gab es Gelage, Kostüm-Umzüge mit riesigen Dekorationen, extra errichtete Bauten, Turniere. Zu den täglich wechselnden Attraktionen

Bellottos berühmter Blick vom rechten Elbufer auf die zauberhafte Silhouette von Elbflorenz im Jahre 1748

zählten die sogenannten »Planeten-Feste«, bei denen sieben Tage lang Planetengöttern wie Apoll, Mars oder Jupiter gehuldigt wurde. Dass auch die an den Lustbarkeiten beteiligten Regimenter, Garden, Hofbediensteten oder 1600 zur Parade im Plauenschen Grund befohlene Bergleute untergebracht und verpflegt werden mussten, sei nur am Rande erwähnt. Extra für das Hochzeitsereignis ließ August der Starke von Hofbaumeister Matthäus Daniel Pöppelmann an der Südostecke des Zwingers ein neues Opernhaus bauen. Mit 54 mal 24 Metern war das »Königliche Theater« ganz unbescheiden das größte Deutschlands. In Parkett und drei Rängen fanden zum Beispiel zur Welturaufführung der Oper »Teofane« am 13. September exakt 2000 Zuschauer Platz. Der persönlich anwesende italienische Tondichter Antonio Lotti hatte das Werk extra für die Hochzeitsfeierlichkeiten komponiert. Im Residenzschloss war der Riesensaal in barocker Art saniert worden. Ein strenges Reglement bestimmte die Tänze:

Mit polnischen eröffnete die kurfürstlich-königliche Familie selbst den Zeremonienball nach französischem Muster. Während danach Hofdamen und Kavaliere Ehrentänze vollführten, saßen die Gastgeber unter dem Baldachin, labten sich an Erfrischungen. Und versetzten sich in Gedanken vielleicht in die Welt der Ahnen, die ebenfalls rauschende Feste zu feiern verstanden.

Denn am Hofe der Wettiner, dem angesehensten, mächtigsten und reichsten deutschen Fürstenhof neben dem der Habsburger, wurden seit Menschengedenken ritterliche Turniere und sich anschließende Hoffeste in glanzvoller Weise gepflegt. Waren es im Mittelalter Bankett-Tänze und Mummereien, wurde später eine Art Schreittanz zelebriert. Eine neue Qualität führte Kurfürst August im 16. Jahrhundert ein. Neben Hirschjagden und Sauhatzen veranstaltete der Monarch, auf den fast alle berühmten Dresdner Museen zurückgehen, aufwendige Schlittenfahrten, Feuerwerke, Bankette,

Friedrich August II., Sachsens Kurfürst und Polens König, fährt in vergoldeter Kutsche über den Neumarkt. Bernardo Bellotto aus Italien, genannt Canaletto, schuf dieses Meisterwerk 1749.

Ballfeste und Maskeraden. Sein Sohn, Christian I., ließ 1580 an der Elbe auf dem Festungswall ein Lusthaus errichten, dem später das berühmte Belvedere folgte. Als Bildhauer und Fest-Regisseur agierte ein Venezianer: Giovanni Maria Nosseni. Die ersten Dresdner Ballettaufführungen gab es 1622, 1624 und 1625. Bald erwies sich der 57 Meter lange, 13 Meter breite und zehn Meter hohe Riesensaal des Schlosses als zu klein. 1627 sah sich Johann Georg I. veranlasst, ihn zu vergrößern. Dafür ließ er ganze Balkenlagen beseitigen und ein mächtiges Tonnengewölbe einfügen. Neben den gemalten Riesen in den Fensterschächten verzierte man den Saal mit sächsischen Städteansichten, mythologischen Szenen und Zeichen des Tierkreises. Es war das Jahrhundert der Opern und Ballette, der Komödien, Tragikomödien und Burlesken, der Riesenfeuerwerke, Fackeltänze, Jagdbankette, Umzüge und Musikaufführungen.

Doch all dieser frühere Glanz verblasste, verglich man ihn mit den Feierlichkeiten unter August dem Starken. Und auch seinen Thronfolgern gelang nicht mehr solche Opulenz. Dem 27-jährigen Italiener Giacomo Casanova, der im August 1752 für gut ein halbes Jahr erstmals in das genusssüchtige Dresden kam, fiel das aber nicht weiter auf. Jahrzehnte später notiert er: »Dresden hatte den glänzendsten Hof, den es damals in Europa gab. Die Künste standen in hoher Blüte.« Bis zu acht Bälle gab es noch in der Wintersaison. Als Sachsen 1806 durch Napoleons Gnaden Königreich wurde, Kurfürst Friedrich August III. sich König Friedrich August I. nennen durfte, fehlten allerdings häufig das Geld, der Wille und vor allem ein begnadeter hochadeliger Regisseur für Extravagantes. Vermutlich hielten es Sachsens Könige im 19. Jahrhundert auch kaum noch für wichtig, den Adel durch Festivitäten außer der Reihe enger an sich zu binden. Eines galt jedoch lange: Bei Hofe durfte nur tanzen, wer hoffähig war, also bis zu den 16 Vorfahren der Ururgroßelterngeneration lückenlos adlige Ahnen nachweisen konnte.

Frauen hatten zudem die Hoffähigkeit ihrer Männer nachzuweisen.

So blieb die Einladung zum Hofball ins Dresdner Residenzschloss bis zum Ende der Monarchie 1918 ein herausragendes Ereignis im Leben sächsischer Adliger sowie auserwählter Künstler oder Wissenschaftler und der unerfüllbare Märchentraum für fast alle übrigen Landeskinder. Arnold Friedrich Vieth von Golßenau, der unter dem Pseudonym Ludwig Renn schrieb, berichtet in seiner Romanbiografie »Adel im Untergang« über die Ball-Empfänge am Dresdner Hof um 1912: »Hofball! Das war ein Wort, das … wie ein Zauberspruch hergesagt wurde …« In Erinnerung blieben dem königlich-sächsischen Offizier u. a. »Generale …, um deren goldbeschlagene Helme sich Federn wiegten. Damen mit bloßen Schultern, reichen Halsketten und blitzenden Diademen im Haar. Herren, deren schwarze Fräcke von oben bis unten mit goldenen Blättern bestickt waren und die einen Zweispitz unter dem Arm trugen …« Und davon, wie Sachsens letzter König Friedrich August III. ziemlich miserabel tanzte, immer wieder Paare anrempelte. Eine Königin konnte er auch nicht vorweisen – die Frau war ihm schon 1902 mit dem Sprachlehrer der Söhne durchgebrannt. Walzer ziemte sich nur rechts herum. Polka, Galopp, der alte Hoftanz Lancier, Tirolienne – so bewegte sich die feine Gesellschaft damals über das Schlossparkett. Freundlicher klingen die Schilderungen eines Mitglieds des Königshauses aus der gleichen Zeit: Prinz Ernst Heinrich, jüngster Sohn des Monarchen, schreibt vom ganz speziellen Hofgeruch. Dafür wurden bei großen Anlässen Essenzen aus einer Lavendel-Weihrauch-Mischung in den Treppenhäusern verspritzt. Nach seiner Erinnerung nahmen an den zwei »Großen Hofbällen« mit Schlemmerbuffets im Winter jeweils 2 000 Personen teil: »… nur etwa 200 tanzten. Die übrigen 1 800 sonnten sich in der Ehre und im Vergnügen, Gäste des Königs zu sein. Sie guckten herum, schwätzten und taten sich an den riesigen Buffets gütlich, die wegen des Massenandrangs den Spitznamen ›die Volksküche‹ hatten.«

Links: Königlicher Hofball im Residenzschloss um 1900

Mit seiner aquarellierten Zeichnung von 1911 schuf Adolph Michalsky ein faszinierendes Panorama des alten Dresden.

Wiener Blut in Elbflorenz – die Strauß-Dynastie liebte Dresden

Wo auch immer in rauschenden Ballnächten Walzerklänge Paare auf die Tanzflächen locken – die unsterblichen Schöpfungen zweier Genies, einer Wiener Familie aus Kapellmeistern und Komponisten entstammend, sind immer dabei: Melodien von Johann Strauß Vater und Johann Strauß Sohn. Der Vater schenkte uns unter 152 Walzern, 32 Quadrillen, 13 Polkas und 18 Märschen auch den »Radetzky-Marsch«, ohne welchen kein Neujahrskonzert der Wiener Philharmoniker endet. Sein ältester Sohn, den die Welt euphorisch »Walzerkönig« nennt, brachte es auf 500 Walzer, Polkas und Quadrillen, 16 Operetten, ein Ballett und eine Oper. Rund um den Globus kennt man die Strauß'schen Dreivierteltakt-Ohrwürmer wie »An der schönen blauen Donau« oder den »Frühlingsstimmen«-Walzer. Doch kaum einer weiß, dass beide k. k. Hofballmusikdirektoren mehrfach in Dresden gastierten, das Publikum besonders schätzten und Elbflorenz vier Tondichtungen widmeten.

1834 kam Strauß Vater erstmals mit seinem 29-Mann-Orchester von der Donau an die Elbe. Im »Hotel de Russie« in der Wilsdruffer Gasse 8 logierend, gab er am Abend des 1. Dezember im Saal des »Hotels Stadt Wien« ein enthusiastisch aufgenommenes Konzert. Der Erfolg war so überwältigend, dass man ihm für den übernächsten Abend dass kleine Königliche Hoftheater oder Morettische Opernhaus mit 814 Plätzen überließ. Und obwohl der clevere Strauß gleich die Eintrittspreise erhöhte – dies war seit dem italienischen Teufels-Geiger Niccolò Paganini niemandem mehr gestattet worden – musste zur Beherrschung des Andrangs beim Kartenvorverkauf die Wache eingreifen. Selbst Seine Majestät König Anton und hohe Chargen des Hofes gaben sich die Ehre eines Besuches, lauschten huldvoll dem »Elisabethen-Walzer«, dem »Großen Strauss-Potpourri« oder dem »Iris-Walzer«. Wieder wurde das Gastspiel verlängert, betörte der Maestro noch zwei Abende lang mit leicht verändertem Programm im großen Konzertsaal des »Hotel de Pologne« in der Schlossgasse 6 sein

Walzerkönig Johann Strauß Sohn komponierte vier seiner schönsten Stücke für Dresden, fürs hiesige Militär und das Herrscherhaus.

Mit eigener Kapelle verzauberte das Pop-Idol des 19. Jahrhunderts seine Zuhörer.

Publikum. Am Schlussabend des 6. Dezember durfte nach den beschwingten Melodien sogar getanzt werden, was die Residenz-Gazetten zu geradezu überschäumenden Lobeshymnen hinriss: »Besonders floriren der allerliebste Fortunagalopp und der hinreißende Venetianergalopp, der einen Tanzlustigen noch auf dem Todtenbette begeistern muss.« Elf Jahre später gab der Walzerheros auf Zwischenstation nach Berlin wieder zwei Konzerte. Mit seinen 25 Musikern spielte er am 22. und 25. Oktober im »Hotel de Saxe« am Neumarkt 9, zahlte vier Taler Almosen in die Armenkasse der Stadt.

1852 fieberten viele Dresdner seinem Sohn, dem Pop-Idol des 19. Jahrhunderts, entgegen. Die Route einer Kunstreise von Wien nach Paris legte dieser extra über Dresden und annoncierte sein Erscheinen zwei Tage vor Ankunft und abendlichem Konzert am 4. Oktober im »Dresdner Anzeiger«. Der berühmte Kapellmeister und Kompositeur stieg im »Preußischen Hof« in der Scheffelgasse 8 ab, verzauberte den überfüllten Saal im »Hotel de Pologne«. Auch beim zweiten Konzert am 7. Oktober huldigte er den Anwesenden mit einem ganz frischen Tonsatz: dem »Sachsen-Kürassier-Marsch op. 113«. Umjubelt hatte er diesen beim Wiener Annen-Fest am 26. Juli mit 150 Musikern zur Uraufführung gebracht. Kritiker meinten danach: »Wäre der Strauss'sche ›Radetzky-Marsch‹ nicht zum ersten Armee-Marsch der österreichischen Truppen bestimmt, so würde es unbedingt der ›Sachsen-Kürassier-marsch‹ werden, denn derselbe vereinigt alle Vorzüge einer solchen Komposition.« Gewidmet war er dem Offiziers-Corps des k. k. Kürassier-Regiments König von Sachsen. Damals lag die Truppe an der Donau in Garnison. Zur Erstaufführung weilte auch gerade Sachsens Königin Maria aus dem Hause Bayern zu Besuch am Habsburger Hof. Ihr Gemahl, König Friedrich August II., konnte sich allerdings nicht mehr lange an der Komposition erfreuen. Er wurde 1854 bei einem Ausflug in die Tiroler Alpen vom Huf eines Droschkenpferdes erschlagen.

Die Dresdner blieben eine der treuesten Strauß-Fangemeinden. Nicht nur weil der Sohn das Publikum durch elektrisierende Wirkung zur Raserei trieb, mit dem Geigenbogen wild ins Orchester stechend himmlische Stimmen hervorzauberte. Gleich bei seinem ersten Besuch neben Frauenkirche und Zwinger hinterließ der Melodien-Fabrikant die »Zehner-Polka op. 112«. Sie erinnert an eine Gesellschaft von neun Personen um den Musikdirektor Hugo Hühnerfürst, bei welcher Strauß herzliche Aufnahme fand und die den Nachtmenschen zu dieser Polka ermunterte. Noch am Abreisetag, dem 8. Oktober, notierte Strauß eine Liebeserklärung an Elbflorenz: »Der Aufenthalt in Dresden – die schönste Zeit meines Lebens.« Schon am 10. November folgte das nächste Konzert, wieder im »de Pologne«. Und im Sommer darauf griff Strauß erneut für Sachsen zu Feder und Papier, schuf den Walzer »Vermählungs-Toaste op. 136«. Er entstand anlässlich der Vermählung des Prinzen Albert von Sachsen, des späteren Königs, mit Prinzessin Carola von Wasa. Das Paar war so gerührt, dass es sich mit einer kostbaren Brillantnadel bedankte.

Oft nächtigte der Mann, der zum Vorbild der europäischen Unterhaltungsmusik wurde, noch auf Reisen in Dresden. Doch auf ein Konzert musste man hier bis 1877 warten. Strauß kam nicht mit eigenem Orchester, sondern dirigierte die verstärkte Kapelle des königl. sächsischen I. (Leib) Grenadier-Regiments Nr. 100. Mit Ehefrau bezog er das »Hotel de Saxe«, zog das Publikum am 4. und 7. April im überfüllten »Trianon« mit Ohrwürmern wie seiner »Pizzicato-Polka« oder den Walzern »O schöner Mai« und »Wein, Weib und Gesang« in den Bann. Frau Henriette verband ganz spezielle Erinnerungen mit Dresden: 1838 hatte sie unter ihrem Mädchennamen Henriette Treffz am Königlich Sächsischen Hoftheater debütiert. Die Liebe zu Dresden trug Johann Strauß Sohn immer in seinem Herzen. Hätte er sonst seinen letzten Walzer op. 477, für den er am 28. November 1897 im Wiener Musikverein persönlich den Taktstock hob, »An der Elbe« genannt?

Prachtvolle Architektur
macht Europas schönste Oper zum Juwel

Die Dresdner Semperoper ist längst zum Mythos geworden. Das berühmte Gebäude-Ensemble unweit von Zwinger, Residenzschloss und Katholischer Hofkirche gilt als Kultstätte für Freunde von Musiktheater, Konzert und Ballett, als Mekka für Touristen aller Kontinente und als einer der schönsten Ballsäle. Hier trifft man die berühmtesten Sänger, die größten Dirigenten. Hier spielen die Musiker der Sächsischen Staatskapelle auf – des ältesten aktiven Orchesters der Welt. Richard Wagner nannte sie liebevoll seine »Wunderharfe«. Ob Giuseppe Verdi oder Richard Strauss – unsterbliche Werke fanden und finden hier ihren Ehrentempel. Dieses poetische Stück Architektur, aus Sandstein der Sächsischen Schweiz erbaut, verdanken wir dem gestalterischen Genie eines Mannes: Gottfried Semper. Zwei Mal musste er selbst an seinem Meisterwerk wirken, zwei Mal innerhalb zweier Jahrhunderte vernichteten Flammen alles. Heute sehen wir die dritte Semperoper, wie das Opernhaus der Sächsischen Staatsoper genannt wird.

Ihre Geburt 1838/41 ließ eine neue Ära der Baukunst Deutschlands jenseits des Klassizismus anbrechen. Doch wie alles Neue musste auch sie sich gegen Tradiertes stemmen. Dieses existierte mit dem Morettischen Opernhaus seit 1754/55 am damals noch vorhandenen Zwingerwall neben dem Italienischen Dörfchen. Vielfach umgebaut und erweitert, hieß es seit 1814 »Königlich Sächsisches Hoftheater«. Ein schmuckloser Kasten in melancholisch-trüber grüner Farbe. In diesem altersschwachen Haus mit miserabler Akustik, wo knarrende Dielen und das Plärren kleiner Kinder hinter den Logen manche Aufführung störten, feierte die

Oben: Schon das erste »Große Königliche Hoftheater« von Architekt Gottfried Semper galt als eine architektonische Sensation. Hier der Bau in einer Fotografie um 1865.

Innere Ansicht der ersten Semperoper mit Orchestergraben, Schmuckvorhang und Fünf-Minuten-Uhr auf einem Kupferstich um 1861

Brand des ersten Hoftheaters am 21. September 1869. Kolorierte Lithografie

Dieses historische Foto des ausgebrannten Theaters entstand nur wenige Tage nach der Katastrophe.

deutsche Oper mit dem Königlichen Kapellmeister Carl Maria von Weber, dem Urheber des »Freischütz«, Sternstunden. Daneben stand vor der Stadt, auf der anderen Elbseite am Linckschen Bad, als sommerliche Zweitspielstätte noch ein Fachwerkbau mit Walmdach zur Verfügung. Eher Dorfscheune als Musentempel, mochten ihn die Dresdner. Konnte man hier doch Streuselkuchen zum Kaffee im Garten genießen und nebenbei Musik hören. Viele Dresdner hätten lieber ihr gewohntes »Moretti« mit der großen Tradition aufgemöbelt gesehen. Aber König und Ministerrat beschlossen im April 1838 die Errichtung eines Opernhauses nach Plänen des erst 35-jährigen Hamburgers Gottfried Semper. Begutachtet hatte sie der renommierte Berliner Karl Friedrich Schinkel. Semper, der junge Architekturprofessor und Leiter der Bauschule an der Dresdner Kunstakademie, plante ein an römischen Vorbildern angelehntes Forum der Künste. Es sollte sich vom Kronentor über den damals noch nach Norden offenen Zwinger bis zur Elbe erstrecken und enthielt drei Neubauten: Gemäldegalerie, Theater und Orangerie. Die ersten beiden wurden Realität. Semper ließ sich von Reisen nach Italien, Frankreich und Griechenland inspirieren, in Paris hatte er die neueste Bühnentechnik studiert. Ein deutsches, bürgerliches Nationaltheater, das den Bogen vom antiken Kolosseum bis zur französischen Revolutions-architektur spannt und sich der heiteren Sprache der Frührenaissance bedient – nur ein wahres Genie goss all dies in geometrische Klarheit! Bildhauer wie Ernst Rietschel oder Ernst Julius Hähnel schufen für die Fassaden zudem ein faszinierendes ikonografisches Programm der Heroen aus Musik und Tragödie aller Zeiten. Im Inneren trugen zum Beispiel die allegorische Malerei von Carl Gottlieb Rolle und die romantischen Tafelbilder eines Ludwig Richter zu Ausschmückung und Sinngebung bei.

Am 12. April 1841 weihte man das »Große Königliche Hoftheater« mit Webers »Jubel-Ouvertüre« und »Torquato Tasso« von Johann Wolfgang von Goethe feierlich ein. Der 74 Meter lange, 69 Meter breite und 32 Meter hohe Rundbau war nicht nur ein herrliches Haus. Er verfügte auch über die größte und modernste Bühne damaliger Zeit: 30 Meter breit, 22,5 Meter tief. Dazu ein Flugwagen für Spezialeffekte und 48 Versenkungen, in welchen man Mimen wie geisterhaft im Boden verschwinden oder daraus erscheinen ließ. 1750 Zuschauer fanden in Parkett, Parkettlogen und vier Rängen Platz. Ein eigenes Gaswerk hinter dem Nymphenbad des Zwingers sorgte für brillante Beleuchtung. Diese ließ das helle Gelb, Weiß und Gold sowie das Kardinalrot von Logendraperien und Bühnenvorhang heller erstrahlen, als es vorher Tausende Kerzen vermochten. Architekt Semper selbst blieb dem Festakt

Noch viel pompöser als seinen ersten Bau schuf Gottfried Semper bis 1878 das »Neue Königliche Hoftheater«.

fern. Zu sehr grämten ihn die hämischen Kommentare von Klassizisten und Neogotikern zu seinem Werk.

Richard Wagners »Rienzi« erlebte hier 1842 die umjubelte Uraufführung. Der »Fliegende Holländer« unter musikalischer Leitung des Komponisten selbst fiel im Folgejahr beim Publikum durch. Doch einen Monat später wird der finanziell ständig klamme und von Gläubigern gejagte Wagner in Sempers Bau Königlich Sächsischer Hofkapellmeister. 1845 hat sein »Tannhäuser« mit dem gefeierten Tenor Joseph Tichatschek als Titelheld und Deutschlands größter Gesangstragödin Wilhelmine Schröder-Devrient als Venus Weltpremiere. 46 Opern – auch Werke vieler Kollegen – brachte Kapellmeister Wagner zwischen 1843 und 1849 in Dresden zur Ur- und Erstaufführung.

Dann ging der in den Himmel Gelobte mit großem Krach, der mehr als Theaterdonner war. Seine Beteiligung an der Revolution machte ihn zum politisch gefährlichen Individuum, dessen Tonschöpfungen der König auf den Index setzen ließ. Nach dem flüchtigen Anhänger der Umsturzpartei fahndete die Dresdner Stadtpolizei am 16. Mai 1849 sogar per Flugblatt. Bis zur Amnestie 1862 waren die unsterblichen Opern des Aufrührers an der Elbe nicht mehr zu hören.

Musikalisch und politisch hatte die Dresdner Welt 1869 wieder ihre Balance gefunden. Da brach die Katastrophe über die Residenzidylle herein: Arbeiter sollten am 21. September Gasschläuche am 96-flammigen Kronleuchter aus vergoldeter Bronze und Kristallglas über dem Zuschauerraum reparieren.

Zuschauerraum um 1940 mit 1 600 Sitz- und 150 Stehplätzen

Ein Tollpatsch unter ihnen versuchte mit petroleumverschmierten Händen den Gestank von Gummilösung per Räucherstäbchenduft zu vertreiben. Das Unheil nahm seinen Lauf. Der Klebstoff fing Feuer, sprang auf den hölzernen Plafond und binnen Minuten auf den Dachstuhl über. Die Arbeiter und Künstler einer Probe retteten sich gerade noch aus dem Bau. Dann brannte alles lichterloh, barsten Decken, glühten selbst Umfassungsmauern, stürzten teilweise ein. Ein Glück, dass die Glut der Flammen die Gemäldegalerie mit der »Sixtinischen Madonna« und all den anderen unschätzbaren Werken verschonte.

Dieser 1847 von Semper begonnene Galeriebau schloss seit 1854 den Zwinger ab. Vollenden konnte er ihn nicht. Denn während Freund Wagner revolutionäre Traktate verfasste, Flugblätter verteilte, errichtete Republikaner Semper in Dresden Barrikaden gegen die vom Sachsenkönig zu Hilfe gerufenen preußischen Truppen – und emigrierte nach blutiger Niederschlagung des Aufstandes nach Paris und London. Sogar später, in Zürich, wurde der steckbrieflich gesuchte »Haupträdelsführer« noch von der sächsischen Polizei bespitzelt.

Angesichts des allgemein beklagten Brandunglücks – ein hölzernes Interimstheater mit 1 800 Plätzen war zwar schnell gebaut – gab es unter den Bürgern der Residenz und in der Zweiten Kammer der Ständeversammlung die fast einhellige Meinung: Übertragt dem 1863 amnestierten Semper den Wiederaufbau! Das Finanzministerium sprang über seinen Schatten, lud die einstige

Unperson ein, verzichtete sogar auf eine den Urheber der ersten Oper brüskierende Ausschreibung. Nach anfänglichem Zögern sagte Gottfried Semper schließlich zu, kam Ende Februar 1870 persönlich nach Dresden. Klar war, dass der Bau um eine halbe Gebäudetiefe zurückgesetzt werden musste. Damit vermied man die bedrohliche Nähe zur Gemäldegalerie, deren Schmuckfassade zudem bislang verdeckt war, und schuf so den Theaterplatz. Auch sollten einige im Laufe der Jahre offensichtlich gewordene Mängel des Erstlingswerks korrigiert werden, zu denen die geringe Bühnentiefe, der Mangel an Garderoben für Schauspieler und Zuschauer oder zu wenige Ein- und Ausgänge zählten. Erstmals machte man feuersichere Decken, Vorräume und Logen zur Bedingung. Gefordert waren für das Hoftheater ein Parkett und mehrere Ränge mit Logen, eine der Bühne gegenüber liegende Gala-Loge für Staatsgäste sowie der Herrscherfamilie vorbehaltene seitliche Proszeniumslogen.

Nur Monate später reichte Semper Vorentwürfe ein, die sich an Ideen seines nicht ausgeführten Richard-Wagner-Festspielhauses in München orientierten. Den Haupteingang bildete nun eine Art Triumphtor mit einer Exedra darüber. Der Zuschauerraum, in dem die Besucher zum Beispiel den kreisförmigen Plafond, die akustisch angeblich so wertvollen Muschelnischen über den Ranglogen oder die Fünf-Minuten-Uhr vom ersten Haus wiederfanden, erhielt großzügige seitliche Treppenhäuser. Sempers zweites Hoftheater steckte voll historischem Pathos – unter anderem angelehnt an die venezianische Hochrenaissance. Aber auch die Loggien des Vatikans und Paläste in Genua standen Pate. Säulen und Pilaster, Sandstein und Marmor, die Panther-Quadriga aus Bronzeguss von Johannes Schilling als Bekrönung der Hauptfassade, Plastiken und Deckengemälde, der Bühnenvorhang – um jedes Detail wurde hart gerungen. Semper wollte einen Prachtbau, das Finanzministerium Geld sparen. Das letzte Wort oblag dabei dem König.

Der fast 70-jährige Gottfried Semper betreute allein in Wien mit Neuer Hofburg, Burgtheater, Kunsthistorischem und Naturhistorischem Museum gewaltige Projekte. Deshalb war bereits vor der Grundsteinlegung 1871 klar, dass ihm nur eine Fernsteuerung möglich sein würde und Sohn Manfred die örtliche Bauleitung übertragen werden müsste. Bis 1878 entstand das Wunderwerk neu: 82 Meter lang, 78 Meter breit, 40 Meter hoch. Die Bühne, ohne Hinterbühne, 24 Meter tief und 30 Meter breit. In Parkett, drei Logenrängen, einem vierten und dem zurückgesetzten fünften Rang gab es 1600 Sitz- und 150 Stehplätze. 18 Künstler der Dresdner Schule malten zwei Jahre lang die Oper aus. Ein Wunderwerk: der 38 Zentner schwere Kronleuchter aus poliertem Messing. Zur Einweihung des »Neuen Königlichen Hoftheaters« am 2. Februar 1878 hörte man wieder Webers »Jubel-Ouvertüre«, dieser folgte Goethes »Iphigenie auf Tauris«. Den Kopf Gottfried Sempers hatte der Bildhauer der Familie, Sohn Emanuel, für alle Ewigkeit auf der Rückseite von Europas schönster Oper in Stein gemeißelt.

Unter den Dirigenten Ernst Edler von Schuch, Fritz Busch und Karl Böhm erlebte der Musentempel der Superlative bis 1942 seine legendäre Glanzzeit. Doch vom Glanz zum Elend ist es nur ein kleiner Schritt. Am 31. August 1944 hob sich das letzte Mal der Vorhang für einen »Freischütz«. Dann triumphierte der »totale Krieg«, schlossen alle Theater. Bei den englisch-amerikanischen Bombenangriffen vom 13. und 14. Februar 1945 verglühte Sempers Juwel wie der ganze Stadtkern im Inferno. 25000 Menschen starben, 15 Quadratkilometer einer der schönsten Städte Europas wurden zur Trümmerwüste, aus der nur noch rußgeschwärzte Ruinenstümpfe wie jene von Oper oder Frauenkirche mahnend hervorragten.

Dresden auf einem Gemälde um 1900. Die Residenz entwickelte sich zur Großstadt, in der 1913 schon 70 Ballsäle Vergnügungen boten.

Alpenglühen und Twostepp – als die Ballhäuser boomten

Nirgendwo prägte wohl der Habitus der Residenzstadt die Welt der Bewohner so wie im kurfürstlichen und seit 1806 königlichen Dresden. Von Generationen zuvor aufgesogen, gehörte das durch jahrhundertelange Präsenz der Herrscherfamilie entstandene höfische Flair selbst bei den »kleinen Leuten« nicht nur beiläufig zum Leben – sie wollten es zunehmend auch selbst leben, wollten ein bisschen mondän, ja international sein. So wusste das vornehme »Salonblatt Dresden«, dass alle Dresdner bereits im ausgehenden 18. Jahrhundert »das Vergnügen über die Massen lieben, und besonders die höheren Klassen oft mehr darauf wenden, als ihre Einkünfte eigentlich verstatten«. Der Bürger, zuerst die reichen Kaufleute, ahmte es dem Adel nach. Er veranstaltete Privatgesellschaften, besuchte Kränzchen im Kaffeehaus und Konzerte, ging zur Komödie, zur Oper und traf sich natürlich bei Bällen.

Die Franzosen hatten es vorgemacht. Wer in Paris fünf Livre zahlte, durfte am 2. Januar 1716 beim ersten öffentlichen Ball dabei sein. Der Regent des Königreichs selbst, Herzog Philippe II. von Orléans, erteilte die Genehmigung. Das Vergnügen des Gesellschaftstanzes, im 15. Jahrhundert an Italiens Fürstenhöfen erfunden, war plötzlich nicht mehr den Palästen der Aristokraten vorbehalten. Jedermann konnte, ohne Ansehen von Rang und Titel, teilnehmen. Nach der Comédie

Augustusbrücke, Opernhaus und Hotel Bellevue 1906 von der Brühlschen Terrasse aus gesehen

Zu den beliebten Tanztempeln zählte das vierte »Belvedere« auf der Brühlschen Terrasse, welches Otto von Wolframsdorf 1842 errichtete. Fotografie um 1890

Francaise bekam im Folgejahr auch die Oper das Privileg, Bälle zu veranstalten. Wenig später tanzte man auf den Straßen. Bürgerliche Lehrer veranstalteten Kurse, eine entsprechende Literatur etablierte sich. Ländler, Galopp, Cancan oder Polka – der Tanzvirus ergriff Europa.

Im alten Dresden traf sich das tanzfrohe sächsisch-gemütliche Publikum um 1820 zur Familien-Kurzweil im Lincke'schen Bad, auf dem Weinberg des verstorbenen schottischen Lords Findlater oder dem Belvedere auf der Brühlschen Terrasse. Zunehmend entdeckten Hotels Bälle als neue Geschäftsfelder: 1853 entstand in »Braunes Hotel«, Pirnaische Straße 15, ein 19,5 Meter langer, 12,5 Meter breiter und 9,2 Meter hoher Hauptsaal, 1859 bekam »Meinholds Etablissement« in der Moritzstraße 16 mehrere neue Säle, 1869 dekorierte man den großen Saal im »Hotel de Saxe« festlich um. Im letzten Viertel des 19. Jahrhunderts ließ sich fast jeder renommierte Gasthof einen Saal anbauen. 1913 zählte man in der Residenz- und Landeshauptstadt mit rund 540 000 Einwohnern neben sechs Theatern, drei Varietés, fünf Kabaretts und einem Zirkus schon 70 dieser Ballsäle. Außerdem 83 Cafés, 40 Kinos, 129 Weinstuben, 13 Automaten-Restaurants, 1 085 Schankwirtschaften, sechs vegetarische Restaurants und ein alkoholfreies Lokal.

Dresden war eben eine richtige Großstadt geworden – und ein Ballhaus-Eldorado. Das Ballhaus, der Palast des kleinen Mannes, stillte die Sehnsucht breitester

1895 eröffnete mit der Loschwitzer Standseilbahn auch der »Luisenhof«. Tanztee auf der Terrasse des Panoramarestaurants um 1935

Kreise nach Eleganz, Vornehmheit, nach einem Stück süßem Leben der Oberschicht, nach harmloser Lustigkeit, Vergnügen und Zerstreuung. Der Arbeiter, welcher tagsüber die Maikäferbeine für Schokoladenhohlfiguren ausstanzte, das von der Herrschaft gehetzte Dienstmädchen, die Blumenfrau vom Altmarkt, der Badediener aus Lahmanns Sanatorium, die Putzmacherin, die Telefonistin, der Lohndiener, der Stallbursche, der kleine Ladenbesitzer, Beamte, Handelsvertreter, dazu Studenten, Soldaten, Unteroffiziere: Sie alle pilgerten zu den festlich inszenierten Bällen in prachtvoll ausgestatteten und üppig dekorierten Häusern, die ein immerwährendes Fest verhießen. Der Tanzabend, der Schwof ließ den grauen Alltag, den Kommiss vergessen, unterbrach die bleierne Monotonie. Hier herrschte freie Partner-Wahl, fehlte die unerbittliche soziale Kontrolle der kleinen Dorfgemeinschaft. Moralapostel und Sittenwächter hatten im Ballgetümmel keine Chance. Die »Dresdner Woche« weist 1912 auch auf die Heiratsmarkt-Funktion hin. Trafen doch »Kaufleute mit duftig pomadisierter Scheitelallee, ältere Herren« auf »kleine Konfektioneusen und Ladnerinnen«.

Nie war es weit bis zur nächsten Tanzgelegenheit. Selbst das Arbeiterviertel Pieschen avancierte zur Vergnügungsmeile, wo gleich vier Häuser lockten: »Ballhaus Watzke«, »Stadt Leipzig«, »Deutscher Kaiser« und »Stadt Bremen«. Das »Dresdner Leben« erinnerte 1925 an die aufregende Zeit: »Hier lockten ›Meinholds Säle‹, dort ›Brauns Hotel‹ (der heutige Palmengarten) oder das ›Trianon‹ (heute ›Volkswohl‹) oder weiter das ›Tivoli‹ … oder drüben in der Neustadt das schöne ›Waldschlösschen‹ mit seinen prächtigen Festsälen, die in ihrer künstlerischen Gestaltung und mit ihren Kronleuchter-Lichteffekten damals was ganz besonderes

Im Stadtteil Pieschen war das 1883 entstandene Konzert- und Ball-Etablissement »Deutscher Kaiser« in der Leipziger Straße 112 berühmt.

waren. Der Dresdner freilich liebte es, gerade Sonntags mehr ländliche Lokale wie den ›Sächsischen Prinz‹ in Altstriesen, die ›Goldene Krone‹ in Strehlen, den ›Russen‹, den ›Wilden Mann‹ oder das ›Schillerschlösschen‹ in Loschwitz oder ›Donaths Neue Welt‹ mit ihrem ›Alpenglühen‹ aufzusuchen. Zur Herbstzeit ›beschwipselte‹ man sich im ›Deutschen Kaiser‹ in Pieschen beim Mostfest oder man verdarb sich den Magen mit neubacknen ›Käseteilchen‹ im ›Elysium‹ in Räcknitz. Selbst an Regensonntagen waren die ländlichen Lokale voller als in der Stadt, die man lieber am Montag, wenn man seinen Kater austanzen wollte und ›blau machte‹ aufsuchte.« Diese Freizügigkeit lockte jede Menge Fremde an die Elbe, manche blieben. Amerikaner, Engländer, Russen gründeten eigene städtische Kolonien, bauten sich sogar Kirchen.

Eine ganze Handwerkerschaft und Luxusindustrie kümmerte sich mittlerweile um Dresdens Tanzende. Haareschneider wurden Friseure, boten Verschönerung durch Ondulation an. Pülverchen für häusliche »Jungbrunnen«-Bäder und Bügeleisen für die Haut versprachen Straffung faltiger Körperteile. Damit bei »feenhafter Beleuchtung« in Sälen mit großen Lüstern, elektrischen Lichtbögen, blitzendem Parkett, Messing, Marmor, Spiegeln, Säulen mit verzierten Kapitellen, reicher Ausmalung, Engeln und Blumen aus Stuck keiner aus dem Rahmen fiel, konnte man sich festliche Kleidung ausleihen. Es gab »Anstands«- und »Benimm«-Bücher, Lackschuhe, Straußenfedern, künstliche Haarteile, reich dekorierte Hüte und Zylinder, Lilienmilchseife, Parfums, Papierfächer und sogar Liebesperlen mit geheimnisvoller Kraft. Orchester gründeten sich neu. Denn die Zahl der Militär-Kapellen war begrenzt, und nur die exklusivsten Häuser leisteten sich eigene Musiker. Neben den Annoncen von Ballhaus-Besitzern für »Wiener-Walzer-Wettbewerbe«, »Große Reunions«,

Ball-Annonce für das Lincke'sche Bad um 1910

»Grand Balls«, »Preis-Tanzen« oder »Toiletten-Schau« standen jene von Tanzschulen und »Tanz-Lehr-Instituten«.

In Letzteren erlernte man das klassische und moderne Repertoire nebst einer Prise Verhaltensetikette. Außer Polka, Polka-Mazurka, Rheinländer und Tirolienne natürlich den berühmten Wiener Walzer. Mit der Weltausstellung 1899 in Paris drängte eine ganz neuartige Tanzmusik mit für Sachsen kaum auszusprechenden Namen aus Amerika nach Europa: Cakewalk und Ragtime! Diesen folgen One- und Twostepp, Doppelboston und Tänze, die gegen jede gute Sitte auch noch nach Tieren benannt sind: Grizzly-Bear, Foxtrott oder Fuchsgang, Turkey Trott … Für manch bigott-biederen Bürger schien es wie ein Wink des Himmels, dass während des Ersten Weltkriegs Tanzverbot verhängt wurde.

Das Opernhaus der Sächsischen Staatstheater um 1930. Dahinter der 1935 abgetragene Schornstein (historisierend umbaut) des Staatlichen Fernheiz- und Elektrizitätswerks sowie rechts das alte »Hotel Bellevue«.

Die ersten Dresdner Opernbälle in den Goldenen Zwanzigern

Nach 1918 hatte sich die Welt gewaltig verändert: Es gab keinen Monarchen und keine deutschen Kolonien mehr, hiesiger Champagner durfte sich nur noch Sekt nennen, aus dem Königreich Sachsen wurde der gleichnamige Freistaat, und selbst aus dem »Hoftheater« war eine »Staatsoper« geworden. Den Mädchen in den Tanzschulen fehlten die Partner – denn 14 000 Dresdner Männer hatten im Ersten Weltkrieg den Heldentod gefunden. Die Krise der Ball-Etablissements deutete sich schon viel früher an: Noch bevor ihnen Radio, Schallplatte und Film Konkurrenz machten, verfielen sie dem Siechtum. Viele gingen in Konkurs, wurden versteigert, zu Notlazaretten. Später mutierten einige zu Lichtspieltheatern und Kaufhäusern. Jugendliche verschmähten zunehmend das klassische Ballett, und auch der Walzer hatte nicht mehr die Bedeutung wie einst. Man bevorzugte jetzt den afroamerikanischen Trivialtanz der Varietés und Kabaretts. Oder traf sich zum Volkstanz unter freiem Himmel. Revue und Operette kamen in Mode. Schick wurde es, selbst gar nicht aktiv zu sein, sondern Boxer und Fußballer zu bejubeln.

Von der Öffentlichkeit kaum bemerkt, war im Norden Dresdens, in der Gartenstadt Hellerau, ein ganz besonderes Pflänzchen gewachsen. Hier propagierte Emil Jaques-Dalcroze als Vertreter der Reformbewegung in seiner Schule Rhythmus als öffentliche Institution – Noten wurden durch Aufstampfen lebendig. Seine begabteste Schülerin: Mary Wigman, die von Dresden aus dem rhythmisch-expressiven Ausdruckstanz – international als New German Dance bekannt geworden – den Weg bereitete. Ihrer Mary-Wigman-Tanzgruppe gehörte auch Gret Palucca an. Sie blieben mit

Die feine Gesellschaft der Landeshauptstadt traf sich 1937 beim Ball in der Semperoper.

dem Kunsttanz jedoch Exoten, deren Strahlkraft sich auf ihre Kreise beschränkte. Ein Kulturschock für das alte Europa, etwas, das die Massen während der Goldenen Zwanziger wirklich begeisterte, waren dagegen Black Bottom, Rumba, Jazz und Charleston.

Natürlich spürte auch die Oper, dass die alten Tage vorüber waren, die Torte der Kultur in immer kleinere Sahnestückchen zerfiel. Wer beim Kampf ums Publikum nicht untergehen wollte, musste zu diesem engeren Kontakt suchen, Zugeständnisse an den vorherrschenden Massengeschmack machen, selbst spektakuläre Wege nicht scheuen. Dies hatten Dresdner Theater schon 1910 erkannt und ein »Bühnengenossenschaftsfest« veranstaltet. Selbst die graue Eminenz, Generalmusikdirektor Ernst Edler von Schuch, setzte sich bei der Kindersinfonie von Josef Haydn zum Gaudi des Publikums im Jungenkleid an das Violinpult. Auch seine Tochter, Koloratursopranistin Liesel von Schuch, beschäftigte sich an einem Instrument. Der Zeitgeist veränderte 1912 sogar das Operninnere. Josef Goller, der Urgroßvater des Autors, verlieh dem Haus eine neoklassizistische Fassung mit Anklängen des Jugendstils in Ölfarbe: Vestibül-Flächen wurden übermalt, in den Foyers mit roten Stoffen verdeckt. Diese düstere Pracht stand in Kontrast zum hellen Zuschauerraum, dem man die Goldfarbigkeit beließ. Der erste große

Schmuckblatt der Dresdner Opernball-Programme von 1925 bis 1939

Ball nach dem Krieg war dann ein »Künstlerfest« in sämtlichen Räumen des Dresdner Centraltheaters.

Die Geburtsstunde der Bälle in der Semperoper schlug am Sonnabend, dem 21. Februar 1925, abends acht Uhr. Im gedruckten Programm hieß das Ereignis der Extraklasse, welches genau neun Stunden, bis 5 Uhr morgens, dauerte: »I. Opern-Ball (Redoute)«. Der genaue Wortlaut ist von Wichtigkeit – kann Wien den Namen »Opernball« doch erst zehn Jahre später für sich reklamieren: Zwar stolzierten maskierte Damen in gleißenden Roben und Herren mit Zylinder und Stock bis 1929 an drei Abenden und Nächten bei »Opern-Redouten« durch das berühmte Haus am Ring. Aber erst am 26. Januar 1935 tanzten die Wiener zum »Opernball« an der blauen Donau. Dieser wurde in der Ära des Ständestaates und unter dem Hakenkreuz insgesamt vier Mal auf die Beine gestellt. Der Dresdner Opernball in Sempers grandiosem Haus erlebte bis 1939 gleich elf Wiederholungen.

Es steht außer Zweifel: Die Adaption der Staatsoper zum Ballsaal war ein schwieriges Unterfangen. Deshalb hatten sich wohl schon zwei Jahre zuvor im neunköpfigen Arbeitsausschuss Koryphäen des Hauses versammelt. Unter ihnen Bass Ludwig Ermold, Regisseur Alois Mora, Dirigent und Komponist Kurt Striegler. Damit das zuständige Ministerium seinen Segen erteilte, deklarierte man den Ball »zum Besten der Pensionskasse der darstellenden Mitglieder beider Staatstheater«. Der Obermeister der Dresdner Baumeisterinnung, Ratszimmermeister Ernst Noack, ersann für den Tanzboden eine die Sitzreihen überbrückende Holzkonstruktion. Das darauf montierte Parkett erhielt eine Spezialwachs-Versiegelung. Von der Tanzfläche gelangte man über eine Prachttreppe direkt in die Mittelloge des ersten Ranges, deren Brüstung entfernt wurde. Für den speziellen Fest-Duft in allen Räumen sorgte die von Ludwig Leichner gegründete Berliner Parfümeriefabrik. Von dieser kam in Form kostenloser »Probe-Puderpapier-Heftchen« auch ein Teil der Damenspende. Das eigentliche Geschenk, welches sich Damen gegen Abgabe eines Gutscheins in der Geschäftsstelle auf halber Treppe neben dem ersten Rang rechts abholen durften, war ein Erzeugnis von Hofjuwelier Georg Schnauffer von der Prager Straße.

Der Tanz begann halb neun. 21 Uhr öffnete das über Dresdens Grenzen hinaus bekannte Café von Konditormeister Max Kreutzkamm auf der Hinterbühne seine

Der zum Ballsaal umgebaute Zuschauerraum mit der Freitreppe in die Mittelloge des ersten Ranges im Jahre 1937

Filiale, in der eine originale Zigeunerkapelle konzertierte. Die lukullische Dynastie einstmals »Königlicher Hofkonditoren« blieb dank Ehefrau Margarethe und Sohn Fritz dem Ball all die Jahre verbunden. Auf der rechten Seitenbühne spielte die Kapelle Heinz Tröh in der »Ruschin-Union-Bar« zum Tanz, rechts vor dem fünften Rang gab es Jazz-Klänge. Bierfreunde labten sich im vierten und fünften Rang im »Halgasch« an belegten Broten und diversen Likören, warmen Würstchen mit Kartoffelsalat für 1 Mark und Pilsner Urquell – das Glas für 50 Pfennige. Genüsse boten Sekt-Zelte, Kalte Büfetts und Restaurants in den beiden Vestibül-Foyers des ersten Ranges und der Kassenhalle. Es gab Stände mit frischen Blumen und eine Fruchthalle. In den Foyers konnte man zum Beispiel auch Sonderpackungen feinster Schokoladen von »Hartwig & Vogel« oder Zigaretten der Aktiengesellschaft Georg Jasmatzi erwerben. Rauchverbot herrschte im Ballsaal, auf der Bühne und normalerweise in allen Räumen. Nur im Kassenhallen-Restaurant, in den Foyers und Wandelgängen des ersten Ranges sowie im Restaurant des vierten Ranges wurde der blaue Dunst geduldet. Eine Stunde vor Mitternacht kam durch Fanfaren und dreimaligen Gongschlag das Zeichen zur Demaskierung. Nach einstündiger Pause, begleitet von der Kapelle Heinz Tröh im Ballsaal, erinnerte der Souper-Walzer gegen halb ein Uhr an Darbietungen auf der Bühne. Danach wurde bis zum Festende emsig getanzt. Der

Im oberen Vestibül bot in einem Pavillon die 1870 in Dresden gegründete Schokoladenfabrik »Hartwig & Vogel« Spezialitäten an.

Dresdens Traditionscafé Kreutzkamm war in diesem Salon vertreten.

glänzende Erfolg war Anlass, nun jedes Jahr solch ein Fest zu feiern.

Im Folgejahr stellten die Staatstheater dem Opernball eine Nachtvorstellung des von Alois Mora neu inszenierten »Lohengrin« in Star-Besetzung voran. Fritz Busch oblag die musikalische Leitung, die Titelpartie sang Tino Pattiera, Eva Plaschke von der Osten die Elsa. Unter den Edelknaben: Angela Kolniak, Irma Tervani und Helene Jung. Direkt nach dem letzten Vorhang startete im 1. und 5. Rang der Tanz, nur auf der Bühne verzögerte er sich um zehn Minuten. Alles Bewährte wurde übernommen. Die Zahl der Kapellen stieg auf vier. Auf der Bühne gab der beliebte Militärmusiker und Musikdirektor Max Feiereis, der sonst auch die Dresdner Philharmonie dirigierte, den Ton an. Eine altdeutsche Weinstube »Zum Weißen Rößl« ergänzte die Gastlichkeit, neu war das »Photographische Atelier« im Solo-Gang rechts auf Bühnenhöhe. Für 1927 komponierte Striegler Fanfaren – von auf allen Rängen postierten Bläsern in malerischer mittelalterlicher Heroldstracht vorgetragen – und einen Opernball-Marsch. Beim »Vorspiel« stand Erich Ponto als Spaßmacher auf der Bühne. Zehntausende Blumen und Blattpflanzen, die von den oberen Rängen als farbiger Schmuck teilweise wie Teppiche herabhingen, besorgte fortan der Gartenbaubetrieb Ernst Rülcker aus Strehlen. Und die »Dresdner Nachrichten« resümierten: »In Wien ist vor kurzem der angekündigte

Als Damenspende wurde in einem Jahr dieser Fächer überreicht.

Das den Damen verehrte Puderdöschen ist auch im 21. Jahrhundert noch original gefüllt.

Opernball wegen Mangel an Kartenverkauf abgesagt worden. In Dresden hat er … mit einem Andrang und einer Eleganz stattgefunden, daß man meinen konnte, wir lebten in einer Zeit höchsten wirtschaftlichen Aufschwungs.« Der Opernball-Jahrgang 1928 war dann schon fast Routine, und eine Zeitung rühmte: »Alte Ballroutiniers und neue Festbegeisterte waren sich darüber einig, daß es Veranstaltungen von dieser Vornehmheit des Stils, dieser beschwingten Behaglichkeit kaum noch irgendwo im Reich geben wird.« So gab es keinen Grund, im Folgejahr etwas zu ändern. Mit einer Nachtvorstellung der »Fledermaus« begann der Ball 1930. Dann pausierte man wegen der Weltwirtschaftskrise zwei Jahre, füllte die Pensionskasse am 31. Januar 1931 mit Einnahmen aus Richard Heubergers »Der Opernball«, brachte am 26. Januar 1932 als Ersatz Carl Millöckers Operette »Gasparone« heraus.

Ohne Hausinszenierung kam der Opernball vom 25. Februar 1933 aus. Das nächste Jahr fiel er weg. 1935 kostete die Karte im Vorverkauf 15 Reichsmark und ab zwei Tage vor Ballbeginn 20 Reichsmark. Logen im 1. Rang (4 Plätze) konnten gegen eine Gebühr von 30 Reichsmark für Karteninhaber reserviert werden, im 2. Rang zehn Reichsmark günstiger. Ein Sprung an Opulenz war beim 9. Ball im Jahr der XI. Olympischen Sommerspiele 1936 zu verzeichnen, wo es sogar ein »Olympisches Dorf« gab. Ein Teppichhaus von der Schloßstraße veredelte mit Persern die ganze Oper. Die eintreffenden Gäste wurden mit Unterhaltungsmusik begrüßt. Dieser folgten die traditionellen Striegler-Fanfaren um 21 Uhr und ein Showteil z. B. mit Stücken aus »Der Fledermaus« und dem Walzer »Geschichten aus dem Wienerwald«. Generalmusikdirektor Karl Böhm persönlich eröffnete den Ball am Pult der Sächsischen Staatskapelle. Sieben Kapellen spielten unter anderem im zum »Fidelen Gefängnis« umgerüsteten Chorsaal – hier gab es ein Uhr nachts ein Gemeinschaftsessen »Kraft durch Huhn« mit Nudeln – oder in der »Grenzquell-Klause« im vierten Rang. An allen Kalten Büfetts bedienten die führenden Solisten von Oper und Schauspiel. Erstmals wurde bis 6 Uhr morgens getanzt.

Bis zum 12. und vorerst letzten Ball im Jahre 1939 – als Adresse der Geschäftsstelle fungierte mittlerweile das vornehme Taschenbergpalais, Taschenberg 3 – sollte sich die Ball-Logistik nicht mehr ändern. Kaum einer fand es befremdlich, dass man sich auch zu den Klängen des Musikzugs der SA-Standarte 100 oder des SS-Standartenorchesters im Tanze wiegte.

Die Ball-Spenden, die Programmhefte, die Erinnerungen – sie finden sich noch in vielen Haushalten alter Sachsen. Inge Helleken bewahrt wie einen Schatz zwei Damenspenden auf, die ihr Großvater Robert Hermann Schneider nach Hause brachte: »Er war Beleuchtungs-Inspektor der Semperoper. Immer wenn ich mir den Plastik-Fächer und die Puderdose mit der Aufschrift ›Opernball Dresden‹ betrachte, werde ich an Opa und das alte Dresden erinnert.« Fotos vom Ball 1937 haben sich bei Marion Täubrich erhalten: »Mein Vater, Johannes Mehner, war Ministerialbeamter im Sächsischen Innenministerium, begeisterter Operngänger und Hobby-Fotograf. Seine Ballfotos hat er vor dem Angriff 1945 nach Liebstadt zu den Großeltern gebracht, sonst wären sie wie alle Familienschätze im Haus an der Tischerstraße in Striesen ein Opfer des Infernos geworden.« Die heute in Bonn lebende Brigitte Bela, Nichte der Sopranistin und Dresdner Ehrenbürgerin Liesel von Schuch, durfte – gerade 19 Jahre geworden – am letzten Ball teilnehmen: »Jedes Detail unserer prächtig ausgeschmückten Oper schwebt mir bis heute vor Augen. Meine Mutter Käthe hatte mir für diesen Samstag extra ein schickes Kleid und Samtschuhe gekauft. Ich trug dazu eine Blume im Haar. Nach der Staatskapelle spielte das feurige Orchester des Ungarn Barnabás von Géczy wundervollen Foxtrott, Walzer und Rumba. Die Debütanten damals konnten alle Walzerschritte perfekt. Ich selbst habe bis morgens halb vier getanzt. Zwischendurch schlich ich mich auf den Schnürboden. Hier traf sich die Jugend zum Schminken und heimlichen Rauchen. Das galt damals als undeutsch. Hier oben machte mir auch mein fescher Luftwaffen-Leutnant Fred Frank den ersten Heiratsantrag. Den hat er später wiederholt. Der Offizier gefiel auch Mama. Doch für mich war eine Hochzeit im Krieg undenkbar. Ich wollte nicht so früh Witwe werden …«

Brigitte Bela (damals Brigitte Schmidt) aus der Schuch-Dynastie bereitet sich mit Schwester Sabine auf den Opernball 1939 vor.

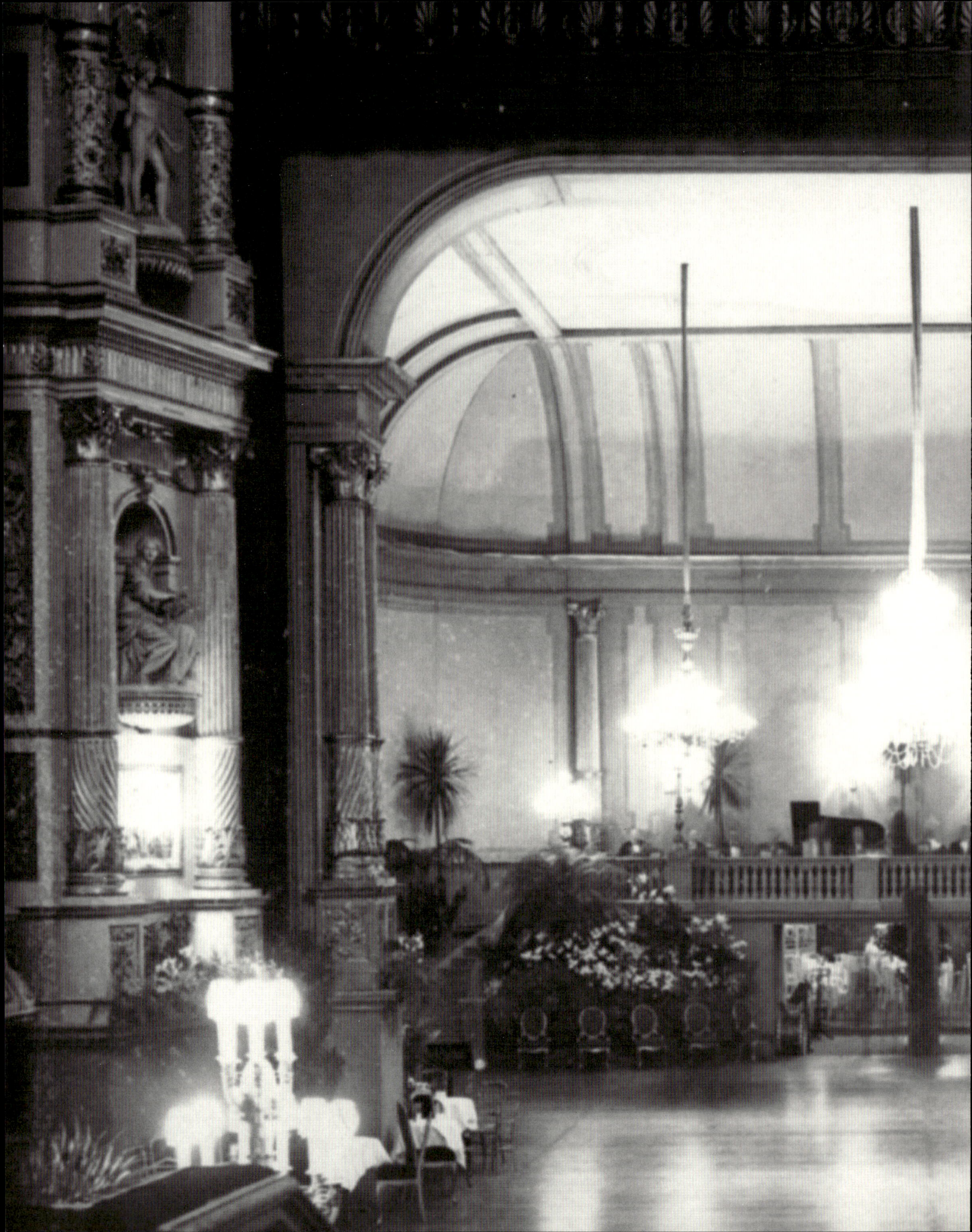

Bühne und Hinterbühne waren festlich dekoriert, in das Ballgeschehen einbezogen.

Das legendäre Musenfest
im Untergangstaumel des Jahres 1989

»Es war der Tanz auf dem Vulkan« – so denkt Gunther Emmerlich 25 Jahre später an das Musenfest in Deutschlands Schicksalsjahr 1989 zurück. Am 7. Juli begann in der Dresdner Semperoper eine barocke Gala, für die der Staat der Arbeiter und Bauern kein Beispiel kannte. Jeweils 1 326 Besucher erlebten an vier Sommerabenden für 120 Ost-Mark pro Karte von 18 Uhr bis 2 Uhr nachts das pompöse Spektakel der Extraklasse: mit einem Feuerwerk musikalischer Unterhaltung, fröhlichen Tanzgelegenheiten, dem auferstandenen Sachsen-Fürsten, Delikatessen im Überfluss und lockeren Sprüchen wie »Im Kreml brennt noch Licht, da kann es so schlimm nicht sein«. »Alles fand direkt neben der SED-Bezirksleitung statt«, so Emmerlich. »Aber man war in diesem Sommer schon weniger ängstlich.« Jene zwölf turbulenten Monate des Jahres 1989 hatte Erich Honecker, der sture Dachdecker an der Partei- und Staatsspitze, mit der Prophezeiung eingeläutet, die Mauer würde in »50 und auch in 100 Jahren noch bestehen bleiben«. Im Mai glaubte kaum jemand mehr, dass bei der Kommunalwahl 98,85 Prozent der Bürger für die Einheitsliste gestimmt hätten. Der Respekt vor der Stasi und ihren Zuträgern schlug dann angesichts der Giftgefahr durch ein am südlichen Stadtrand geplantes Chemiewerk bei breiten Kreisen in Zorn um. Aus Kirchen und vertraulichen Zirkeln brach sich der Protest den Weg auf die Straßen. Vor Oberbürgermeister Wolfgang Berghofer türmten sich in jenen Monaten die Ausreise-Anträge zu Bergen: 25 000 von über 500 000 Dresdnern wollten der Heimat am liebsten sofort Lebewohl sagen. Kein Wunder im Tal der Ahnungslosen ohne West-TV, wo man im Einerlei des sozialistischen Plattenbaus 18 Jahre auf ein Plastikauto im Charme der 1960er-Jahre wartete, es für 6 000 löchrige Dächer nur 12 Dachdecker gab, sich wegen fünf Flaschen Radeberger Bier vor dem Konsum Menschenschlangen bildeten. Hoffnung auf Besserung gab es keine. Nur wenige durchschauten jedoch, dass dieser Staat abgewirtschaftet hatte, dem Untergang entgegentaumelte. Ein Ausweg schien für manche die Flucht über Ungarn, wo am 27. Juni der dortige Außenminister und sein österreichischer Kollege symbolisch den Grenz-Stacheldraht zerschnitten.

Wie ein Leuchtturm in diesem Zustand allgemeiner Dämmerung strahlte die Semperoper. Denn 44 Jahre nach der Bombennacht des 13./14. Februar 1945 verbreiteten rußgeschwärzte Ruinen überall im Stadtzentrum Moll-Töne. An diesem Musen-Tempel jedoch richtete sich die Volksseele in Europas einst schönster Barockstadt immer wieder auf. Schließlich hatte die halbe Welt zur Weihe 1985 nach Dresden geblickt. Joachim Herz inszenierte für die Eröffnungswoche den »Freischütz« und den »Rosenkavalier«, wobei Wolf-Dieter Hauschild und Hans Vonk die musikalische Leitung innehatten. Harald Wandtke choreografierte als Ballett-Uraufführung Udo Zimmermanns »Brennender Friede«, Ruth Berghaus ließ mit Hartmut Haenchen am Pult die Oper »Die Weise von Liebe und Tod des Cornets Christoph Rilke« von Siegfried Matthus das Licht der Welt erblicken. Peter Schreiers Wunderstimme veredelte den Premieren-Reigen mit Schuberts »Winterreise«, die Swjatoslaw Richter am Steinway begleitete. »Einmal in diesem faszinierenden Haus zu sitzen, der Musik zu lauschen, wurde für viele

Prächtig illuminiert erwartet die Semperoper jeden Abend Gäste aus aller Welt.

nun zum erfüllbaren Traum«, weiß Schreier. Mit jeder Silbe sprach Stolz aus den Herzen der Einheimischen, erklärten sie Fremden den Weg zu ihrer Oper. Eine in zwei Jahrhunderten gewachsene Verbundenheit, die man Anhänglichkeit nennen kann.

Dass Architekten und Planer an Gottfried Sempers Original etwas mogelten, fiel nur Experten auf: Für die Seitenbühnen verrückte man zum Beispiel Außenwände, der Zuschauerraum erhielt statt fünf nur vier Ränge und 1326 Sitzplätze. Am großen Kronleuchter aus 1348 Messingteilen sind alle königlichen Wappen spiegelverkehrt angebracht – ein Versehen der Restauratoren. Die internationale Fachwelt lobte die Gratwanderung, einen historischen Bau mit moderner Zweckbestimmung in Einklang zu bringen. Selbst die neu angefügten niedrigen Funktionsgebäude fanden Akzeptanz. Chefarchitekt Wolfgang Hänsch vom VEB Gesellschaftsbau gelang mit Denkmalpflegern und Hunderten Bauleuten – darunter 56 freischaffende Maler und Restauratoren sowie 24 freischaffende Bildhauer – eine Meisterleistung. Sachsens ehemaliger Landeskonservator Heinrich Magirius: »Noch dem letzten Arbeiter war klar, dass es hier – in völligem Kontrast zu dem oft üblichen Schlendrian – etwas Außerordentliches zu leisten galt.« Eigentlich hätte man ein Jahr früher feiern können. Peter Schreier: »Weil Honecker 1984 zuerst das Berliner Schauspielhaus eröffnen wollte, musste die fertige Semperoper bis 1985 warten.« Alles geriet damals ganz schnell zum Politikum.

Vor allem die in jenen Zeiten verrückte Idee, einen »dekadenten« Opernball respektive Musenfest für Tausende zu organisieren. Zumal der 1986 an die Stadtspitze gelangte Berghofer gerade ein ähnliches Fest der SED-

Bezirksleitung im Zwinger untersagt und sich deshalb bei deren Chef Hans Modrow und noch mehr dessen 2. Sekretär Lothar Stammnitz unbeliebt gemacht hatte: »Diese provinzielle Feier«, erklärt Berghofer, »richtete in der barocken Gartenanlage immer Schäden an, die ich nicht länger dulden konnte.« Beim gemeinsamen Saunabesuch besprach Berghofer mit dem Intendanten der Semperoper, Max Gerd Schönfelder, das Musenfest. Doch dieses hatte mehrere Väter. Johannes Matz, künstlerischer Betriebsdirektor bis 1997 und dann Berater: »Mit der Opern-Eröffnung schwirrte es schon in unseren Köpfen herum, dass wir einen Ball machen. Schönfelder, ein Freund vom Trinken und barocken Leben, war da Feuer und Flamme. Doch Denkmalpfleger und Feuerwehr wehrten sich energisch. Der Zuschauerraum musste unschuldig und rein bleiben. Weder an einen Stuhlausbau noch an Essen, Trinken oder Rauchen war zu denken. Schnell wurde klar, dass wir uns auf die Räume außerhalb konzentrieren müssen.« Schönfelders persönlicher Referent und Musenfest-Produktionsleiter, Klaus Herrich, dem bis 1992 die »Kleine Szene« unterstand: »Alles wie 1925 bis 1939 Opernball zu nennen, galt als unmöglich. Neben der 43-seitigen Machbarkeitsstudie verfasste ich sogar eine historische Rechtfertigung. Dafür vertiefte ich mich in Archive und Landesbibliothek. Ich erfuhr, dass die Altvorderen nicht so pingelig waren, mit Fackeln, Kerzen und Gaslicht in der Oper hantierten. Und ich stieß auf ein ›Opera-Ballett‹, welches August der Starke anlässlich seiner Rückkehr aus Ungarn am 16. Februar 1696 gegeben hatte. Dasselbe hieß ›Musenfest‹.«

Ein Glück, dass nach Friedrich II., Preußens »Altem Fritz«, der Sachse August der Starke wieder aus der Versenkung gehoben werden durfte. 1989 feierte übrigens auch die exilierte und weit verstreute sächsische Herrscherfamilie der Wettiner in Regensburg das 900-jährige Jubiläum ihrer Dynastie. Dresdens Semperoper stand nun der seit der Wiedereröffnung größte Kraftakt bevor. Die komplette Oper mit den Räumlichkeiten im Hinterland war für den Ball zu dekorieren und zu möblieren. Der Große Ballettsaal wurde zum

Auf dem Freigelände hinter der Oper baute man Pavillons auf, die dem Zeithainer Lustlager von 1730 nachempfunden waren.

Titelseite des Musenfest-Programms 1989

»Café Momus«, der kleine ins »Wiener Beisel« verwandelt. Die Probebühne II geriet zum »Gasthaus zum Hosenbande«, Probebühne I zur »Residenz Augustus Rex«, das Betriebsrestaurant zur »Künstlerklause«. Es gab ein Gasthaus »Witwe Browe«, ein Kaffeehaus »Eichelkraut« usw. Pavillons nach Vorbild des Zeithainer Lustlagers Augusts des Starken und vier 4,5 mal 4,5 Meter große Springbrunnen mit Fontänen waren als Sonderanfertigung zu bauen, Stühle, Tische, Blumenschmuck und Absperrgitter für die Außenanlagen, ein Mitternachts-Feuerwerk auf dem Zwingerteich mussten her. Ein unterhaltsames Festprogramm für die Hauptbühne, gesangliche und kabarettistische Einlagen für Nebenräume und Freigelände wurden geprobt. Texter, Choreografen, Dramaturgen, Regisseure, Klaus Feustel und sein Bühnenbildner-Team, Perückenmacher, Kulissenbauer, Gewandschneider etc. hatten über Monate alle Hände voll zu tun. Gaumenfreuden und in Größenordnungen zusätzliches Personal waren zu organisieren, Gast-Engagements zu planen, Karten und Programme zu drucken, Revuekostüme aus dem Berliner Friedrichstadtpalast auszuborgen. Jede Besucherin sollte sich am Einlass eine Sebnitzer Kunstblume aussuchen dürfen, Besucher eine Opernball-Plakette aus Böttgersteinzeug der Manufaktur Meissen erhalten. Herrich: »Sämtliche Kosten hatte der Kartenverkauf abzudecken. Allen Angestellten wurde erklärt, dass die vier Festtage am Saisonende Inszenierungen und damit normalen Publikumsvorstellungen gleichzusetzen sind. Dienstpflicht natürlich auch für Gesangsstars, Staatskapelle, Ballett und Chor.«

Allein die Ausstattung verschlang 40 000 Ost-Mark, jeden Abend waren zum Beispiel 1 250 Mark für Notenmaterial, 2 500 Mark für die »Semperhouse-Band«, 2 500 Mark für eine Streichergruppe, 3 000 Mark für engagierte Sänger und Erotiktänzer, 10 200 Mark für fünf Tanzkapellen sowie 1 200 Mark für zwei Diskotheken kalkuliert. Die studierte Kostüm- und Bühnenbildnerin Helga Alschner entwarf Roben für Solisten und Ballett. Alschner: »Da ich in meinem Radebeuler Haus nicht über ein Telefon verfügte, kam von Matz der Auftrag per Telegramm. Ich hörte mir die Ideen der Regisseure an, vertiefte mich in die Literatur, machte für Dutzende Kostüme zuerst Bleistiftzeichnungen und dann Farbentwürfe. Barbara Hoene als ›Desdemona‹, Ute Selbig als ›Susanna‹, Andrea Ihle als ›Agathe‹, Andreas Scheibner als ›Orpheus‹, Gunther Emmerlich als ›van Bett‹, Armin Ude als ›Lohengrin‹, Peter Keßler als ›Hermes‹, Hans-Joachim Ketelsen als ›Jago‹, Jürgen Hartfiel als ›Don Giovanni‹, Karl-Heinz Stryczek als ›Kaspar‹, Elisabeth Wilke als ›Venus‹ oder Rolf Wollrad als ›Leiter‹ – für alle fand ich das passende Outfit. Viele Wochen hat mich das beschäftigt.«

Einer Quadratur des Kreises gleich kam die Aufgabe, etwas anderes als Broiler oder Soljanka zu kredenzen. Der Direktor der Großgaststätte Semperoper und heutige Chef des »Italienischen Dörfchens«, Uwe Wiese, schmunzelt: »Vier Abende lang in der Mangelwirtschaft jeweils über 2 000 Leute mit Schlemmertellern zu beköstigen – Künstler, Mitwirkende und deren Familienangehörige bis zu Feuerwehr und Notfallambulanz – kostete Nerven. Gott sei Dank besaß ich eine exquisite

Kostümentwurf für Sabine Brohm als »Gräfin Cosel«

Kostümentwurf für Dieter Pröhl als »Hofnarr Joseph Fröhlich«

Kostümentwurf für Christian Pötzsch als »Augustus Rex«

Kostümentwurf für Gunther Emmerlich als »van Bett«

Kostümentwurf für Peter Keßler als »Hermes«

Kostümentwurf für Elisabeth Wilke als »Venus«

Vom Zeremonienmeister dirigiert, schreitet August der Starke mit Hofstaat über den Festplatz neben der Oper.

Tauschware. Semperoper-Karten galten in der sozialistischen Schattenwirtschaft als ›musikalische Währung‹, die zum Beispiel gegen Baumaterial wie Zement und Fliesen oder Autoersatzteile getauscht wurden. Für Musenfesttickets gab mir der Schlachthof Fleischstücke, an die ich sonst nie gekommen wäre, der Fischgroßhandel Räucheraale. Ich konnte einen langen Kühllaster für die Schweinelendchen, Spanferkel, Rinderhälften, die Köstlichkeiten aus der Patisserie und Frischobst mieten. Nicht nur Bananen, Ananas, Aprikosen, Pfirsiche, Dattelwein aus Italien – alles war da. Der Brunnenbetrieb ›Margon‹ erfand eine Kreation aus Sekt und Maracuja-Saft in der 0,33-Liter-Flasche, die wir als ›Augusts Kraftwässerchen‹ verkauften. Die Dresdner Küchenmeisterschule schickte 40 angehende Chefköche. Insgesamt hatte ich abends 100 Köche und 200 Mitarbeiter im Service. Letztere im barocken Outfit. Natürlich gab es Wackerbarth-Sekt, dazu drei große Stahltanks mit je 5000 Liter ›Radeberger‹. Alle stürzten sich auf ›Eibauer Schwarzbier‹, das immer mitternachts zur Neige ging, sodass ich einen Barkas-Transporter in die Oberlausitz schicken musste – um 20 neue hölzerne 50-Liter-Fässer zu holen.«

19 Uhr startete das von Johannes Matz brillant ersonnene Bühnenprogramm »Die Party der Ewigen« mit der Staatskapelle unter Hans-E. Zimmer. Matz: »Ich

Chef-Gastronom Uwe Wiese mit Chefkoch und einem kleinen Teil des Servier-Personals beim Musenfest

wollte mehr als den üblichen walzerseligen Mix von Schlagern aus Operette und Musical, sondern richtig wider den Stachel löcken, viel Kabarett. Mit Gunther Emmerlich, dessen lockere Zunge und Witz bekannt waren, hatte ich da eine hervorragende Besetzung. Und so gab es einen Himmel mit den erstrebenswerten Vorbildfiguren der Oper und eine Hölle mit den Bösewichten.« Im Himmel – eine Karikatur auf das SED-Politbüro – gähnende Langweile, in der westlichen Can-Can-Hölle ging die Post ab. Schließlich reisen beide gemeinsam per Raumschiff in die Semperoper. Bei Bonmots wie »Die für 11 Uhr angesetzte Grillstunde für Kritiker auf dem Rost muss wegen Mangel an Holzkohle ausfallen« – verhaltenes Gelächter. Riesenbeifall, als Rolf Wollrad als »Staatlicher Leiter« auf den Stuhl sprang, sagte: »Ich gebe die Pässe nicht raus!« Dann tauchte August der Starke mit dem Satz: »Wir hören, wir werden wieder gebraucht«, auf – und der Saal tobte. Auch bei: »Der Preußenkönig ist so jung nicht mehr«, klopften sich viele auf die Schenkel, wussten, dass Erich Honecker gemeint war. Matz: »Der für uns zuständige Mann der Staatssicherheit warnte bei der Hauptprobe: ›Überlegt euch das noch mal, wir haben eine sehr sensible Zeit …‹. Geändert wurde natürlich nichts!« Der Probenplan zeigt, dass Intendant Max Gerd Schönfelder den August in Allongeperücke selbst spielen wollte. Als ihm wohlwollende Mitarbeiter abrieten, gab sich der Professor schließlich mit der Rolle als Gesamtleiter zufrieden. Matz: »Innerbetrieblich war das Mitte 1989 eine ganz angespannte Atmosphäre, Schönfelders Position schon wackelig. Immer wenn es brenzlig wurde, verduftete er nach Schweden, wo ihn die Königliche Akademie als Mitglied aufgenommen hatte. Schließlich gewannen wir Christian Pötzsch als August.« Dessen Sohn Christoph: »Dies kam für Vater, den Kammersänger, völlig überraschend. Weil er als Intendant der Landesbühnen Sachsen Karl May aufführen wollte, handelte er sich einen Verweis ein. 1980 traf er bei einer Westreise nach Düsseldorf den Schwager. Das wurde als Konspiration mit dem Klassenfeind ausgelegt und der 54-Jährige über Nacht seines Postens enthoben. Bis zum Ruhestand fristete er als Gesangslehrer sein Dasein. Durch diese tolle Aufgabe an der Semperoper fühlte er sich rehabilitiert, machte trotzdem keine Verbeugung vor den noch Allmächtigen.« Und fand später als Pensionär die Rolle seines Lebens. Christoph Pötzsch: »Jedes Autohaus, jeder Supermarkt, auch LIDL und ALDI, wollte mit August dem Starken eröffnen, bestellten Vater im kurfürstlich-königlichen Gewand nach der Wende zu ihren Feierlichkeiten. Unvergesslich ein Staatsempfang in Berlin, wo er den Freistaat Sachsen repräsentierte. Chinas Diplomaten gingen wortlos an Bundeskanzler Helmut Kohl vorüber, salutierten ehrerbietig vor Christian Pötzsch.«

Das Musenfest der Semperoper war dem DDR-Fernsehen eine Aufzeichnung wert, die nach »politischer Reinigung« am 6. August 1989, 20 Uhr, 90 Minuten lang im 2. Programm gesendet wurde. Neben ostdeutschen Zeitungen wurde es auch vom Westen wahrgenommen. Helga Alschner hält bis heute die dem 7. Juli folgenden drei Musenfest-Nächte für authentischer und gelungener: »Am Eröffnungsabend störten mich die Bonzen in ihren Präsent-20-Anzügen und die Parteifrauen in Kleidern aus chinesischem Brokat.

Intendant Max Gerd Schönfelder zur Mitternachtsstunde beim Musenfest

Über allem wehte der ordinäre Duft von Maiglöckchen-Parfüm, das sie im Magazin der sowjetischen Kaserne kauften.« Oberbürgermeister Wolfgang Berghofer, der anlässlich des »40. Republik-Geburtstages« forsch die Schirmherrschaft übernommen und »800 Werktätige, die sich um den Aufbau des Sozialismus besondere Verdienste erworben haben,« eingeladen hatte, glänzte plötzlich durch Abwesenheit: »Die Oper unterstand nämlich gar nicht mir, sondern dem Rat des Bezirkes. Ich hielt die Sache für zu heikel, trat eine Kur in der Hohen Tatra an …«

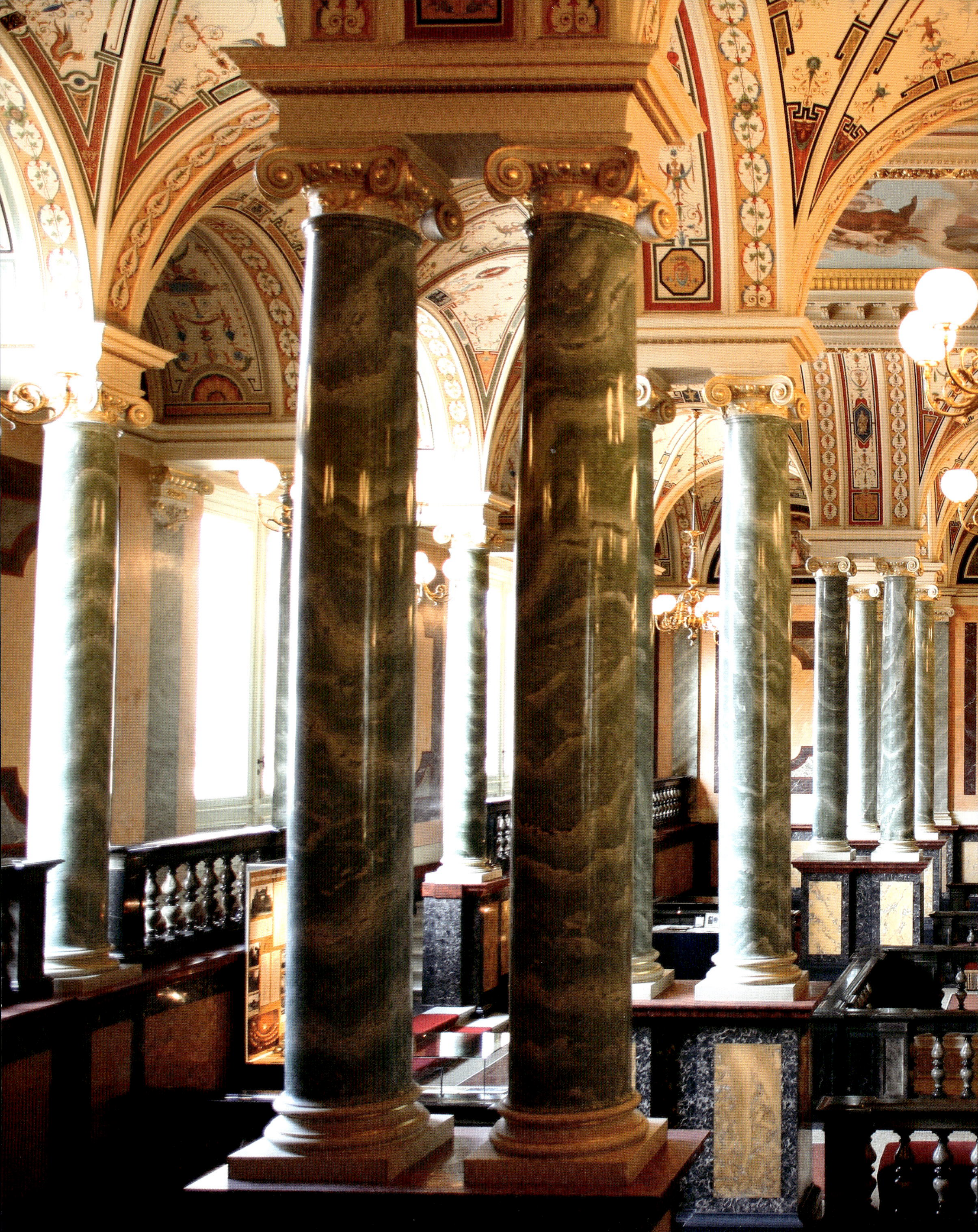

Oberes Vestibül (Zwingerseite):
Die dreischiffige, kreuzgratgewölbte Halle über ionischen Säulenpaaren
erinnert an die Loggien des Vatikans und Paläste in Genua.

Geheimplan Opernball – Mitternachtstest und Millionenrisiko

Der Freistaat Sachsen war längst wieder auferstanden, überall in Elbflorenz kreisten Kräne, einem Wunder gleich fügten sich Zehntausende Trümmerteile der alten Frauenkirche und frischer Sandstein unter aller Augen zur prachtvollsten Kathedrale der evangelischen Christenheit. Dresdner entdeckten die Welt, rückten beim Jahrtausendhochwasser 2002 zusammen wie nie, gerieten sich bei Reizthemen wie Neumarkt, Synagoge oder Waldschlößchenbrücke trotzdem regelmäßig in die Haare. Der ständige Streit des Alten mit dem Neuen, die Machtproben zwischen Tradition und Moderne, Bewahrern und Avantgardisten machte auch vor Sempers ehrwürdigem Musentempel nicht halt. Von außen die Bastille der Hochkultur, ist ein Opernhaus doch aus Innensicht ein höchst fragiler, sensibler Organismus. Wer wüsste dies besser als Hans-Joachim Frey! Der Niedersachse kam im Mai 1997 als Künstlerischer Betriebsdirektor an die Sächsische Staatsoper, internationalisierte

Blick vom Zuschauersaal mit Parkett und vier Rängen auf Orchestergraben und Bühnenvorhang

die Sängerpolitik, ermöglichte Inszenierungen durch bekannte Regisseure wie Sebastian Baumgarten, Willi Decker, Claus Guth, Günter Krämer, Peter Konwitschny, Nikolaus Lehnhoff und Vera Nemirova, intensivierte die Zusammenarbeit mit der Sächsischen Staatskapelle und herausragenden Dirigenten: Marc Albrecht, Semyon Bychkov, Sir Colin Davis, Daniele Gatti, Daniel Harding, Manfred Honeck, Fabio Luisi, Christian Thielemann, Sebastian Weigle – alle kamen. Man genoss die Sonderstellung, welche die über 98 Prozent ausgelastete Semperoper in Kulturbetrieb und Tourismus einnahm. Andere, kleinere Häuser bewegende Streichkonzerte beim Personal erzeugten hier höchstens Pianissimo-Klänge. Kein Wunder, dass sich unter der Belegschaft die Sehnsucht nach einem Ball regte.

»Es herrschten da«, weiß Hans-Joachim Frey, »zwei starke Bewegungen. Eine erinnerte in nostalgischer Verklärung an das Musenfest von 1989. Doch dessen Ausstattung, Kulissen und selbst die über 250 Meter Pavillons und Laubengänge hatte die Nachwendezeit zu Schrott erklärt, längst entsorgt. Der anderen Bewegung um den Technischen Direktor Volker Butzmann schwebte ein Event wie der Wiener Opernball vor.« Der in Leipzig geborene und in Konstanz aufgewachsene Butzmann hatte sich nach Direktoren-Posten bei der Berliner Schaubühne und dem Kölner Schauspielhaus 1993 an der Semperoper etabliert: »Bauproben bei Bühnenbildner und Regisseur Marco Arturo Marelli in Wien, der Besuch des Balls in der Oper am Ring 1999 und die Aufforderung eines österreichischen Freundes: ›Mensch, warum macht ihr das denn nicht auch in Dresden?‹, gaben die Initialzündung. Seitdem ließ mir diese Idee keine Ruhe. Ich habe mir technische Hilfe aus Wien besorgt, Umbau-Modelle für Zuschauerraum und Nebenräume fabriziert.« An vorderster Stelle mit dabei Wolfgang Engert, dessen Firma Theater berät und in der Oper den Shop betrieb: »Selbst Ministerpräsident Kurt Biedenkopf wünschte zu jener Zeit einen Ball in der Semperoper. Ich recherchierte ebenfalls in Wien, half bei Kalkulation und Konzeption, die wir dem damaligen Intendanten Christoph Albrecht präsentierten. Doch wir bissen auf Granit.« Der feingeistige Musikwissenschaftler wollte sich wohl solch Spektakel in seinen letzten Spielzeiten nicht antun, schob Bedenken wegen des Stucks vor und sagte schließlich definitiv Nein. Engert: »Ich habe meine Ideen und Pläne nach Nürnberg mitgenommen, wo wir seit 2001 jeweils im September den Opernball am Staatstheater veranstalten.«

In Dresden fehlte der erfahrene, geniale Kopf und Strippenzieher, der Vollblutmanager, der sich den Ball zu eigen macht. Der risikobereite Netzwerker, welchem egal ist, ob man ihn für ein bisschen verrückt hält. Der Massen mobilisiert, Mitstreiter gewinnt, Gelder beschafft, ganz unkonventionelle Wege beschreitet, mit Charisma und strahlendem Lächeln hartnäckige Zweifler umgarnt, Widerstände bricht. Butzmann: »Ein Wink des Himmels, dass ich mit Ha-Jo Frey seit Langem im Waldpark Blasewitz Tennis spielte. Nach einem Break war er beim Wort ›Opernball‹ Feuer und Flamme.«

Und die Musen standen den Ball-Enthusiasten zur Seite. »2000 kam die Nachricht«, denkt Frey zurück, »dass Gerd Uecker ab 2003 die Semperoper als Intendant übernimmt. Bei einem Dreiertreffen mit ihm und dem Chefdirigenten der Sächsischen Staatskapelle, Giuseppe Sinopoli, wurde mir der Operndirektor-Posten angetragen. Ich übernahm dann als künftiger zweiter Mann im Haus die Planungen, ging monatlich mit Uecker in Klausur. Der weltgewandte Profi erkannte natürlich sofort die Chancen, die so ein Ball mit sich bringt, wollte ihn aber nicht in seinen ersten Spielzeiten und suchte vor allem noch einen Anlass. Den brachte die ab 2002 geäußerte Bitte der Stadt, über große Initiativen zur 800-Jahr-Feier 2006 nachzudenken. Seit 2003 planten wir insgeheim mit dem Ball, verankerten ihn im Terminkalender der Oper.«

Ingolf Roßberg, damaliger Oberbürgermeister und heute u. a. Vorsitzender der Deutschen Johann Strauss Gesellschaft: »Uecker und Frey waren in meinem Büro.

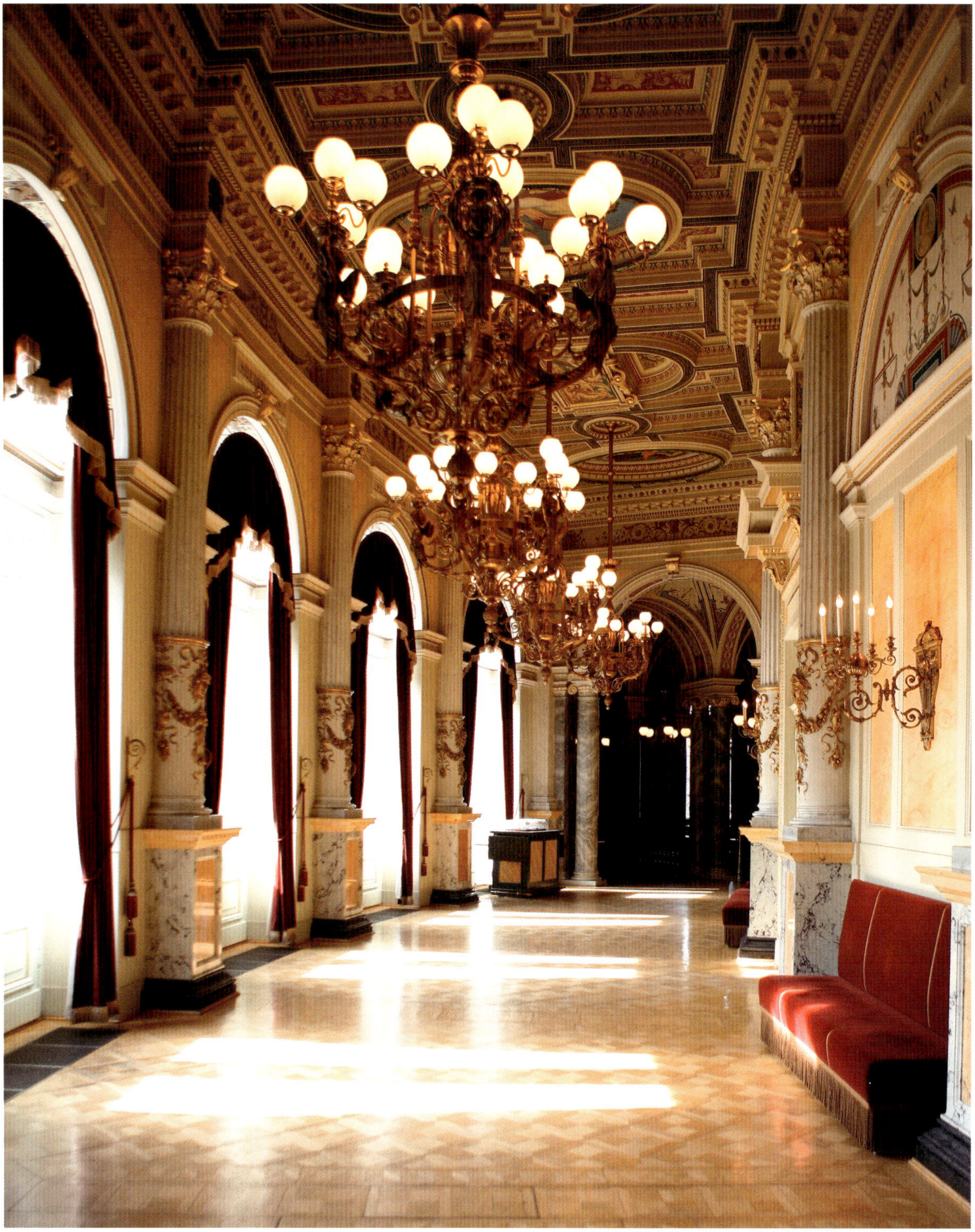

Ich unterbreitete den Vorschlag, mit dem Ball offiziell die 800-Jahr-Feierlichkeiten zu eröffnen. Sonst kam eine Beteiligung der Stadt nur ideell infrage. Natürlich sicherte ich die schnelle Bearbeitung aller notwendigen Anträge zu. Nicht dass der letzte Sachbearbeiter der Straßenverkehrsbehörde das schöne Fest torpediere. Die Herren fragten mich, ob ich einen Musikwunsch habe. Mein Plädoyer galt Strauß' wundervollem Walzer ›An der Elbe‹. Wegen schwierig zu beschaffender Noten oder weil er mit fast elf Minuten recht lang ist, spielte unsere Staatskapelle dann seinen schmissigen ›Sachsen-Kürassier-Marsch‹.«

Volker Butzmann, die Frohnatur, kümmerte sich weiter um die Lösung technischer Fragen: »Wir probieren zum Beispiel, Logenwände auszubauen – um größere Einheiten zu schaffen. Nichts bei so einem Denkmal darf ja kaputt gehen. Die Kardinalfrage kreiste um die 750 Stühle im Parkett. Ausbauen oder nicht? Man muss wissen, dass Schrauben jeden Stuhl arretieren und er per Klimarohr eine eigene Belüftung besitzt. Aus dem Schacht strömende Luft ist mitunter schlecht für leicht bekleidete Damen, denen der kalte Schauer über den Rücken läuft. Doch er ist gut für müde oder gelangweilte Opernbesucher, welche kurz vorm Einnicken auf dem Luftschacht in der Vordermann-Lehne wieder wach werden. Lässt man Stühle drin, kann das Polster beschädigt werden. Lässt sich der Ausbau zeitlich verkraften? Selbst unter erfahrenen Leuten hatte jeder eine andere Meinung. So bin ich nachts allein mit Schraubenschlüsseln und Hammer ins Parkett, montierte drei Stühle ab, trug sie ins Kulissendepot, stoppte die Zeit. Die Hochrechnung ergab – das komplette Parkettgestühl ist in einer Nacht zu schaffen. Auch vieles andere machte ich konspirativ. Ist doch so ein Haus wie die Semperoper ein Bienenschwarm. Einen Sack Flöhe zu hüten stelle ich mir einfacher vor, als diese von der Kunst beseelten und von sich selbst überzeugten Persönlichkeiten, Charaktere und Mimosen zusammenzuhalten. Ränkespiele auf der Bühne sind mitunter harmlos gegenüber dem wirklichen Leben hinter den Kulissen. Ein öffentlich geäußerter Gedanke verbreitet sich in Windeseile und bleibt doch meist auf der Strecke – weil es unzählige Bedenkenträger gibt. Das kleinste Licht denkt, es sei wichtig, unverzichtbar. Es gibt Leute, die einem gern das Bein stellen, andere sind einander spinnefeind. Aller Zwist ist jedoch vergessen, erklingt abends die Ouvertüre. Plötzlich funktioniert jeder wie bei einer Ameisenarmee.«

Links: Oberes Rundfoyer, das Semper nach den Schlossgalerien des Barock konzipierte.

Semperoper-Direktor Hans-Joachim Frey (r.) und Kempinski-Chef Ronald in 't Veld stoßen auf die Gründung des Vereins Semper Opernball an.

Volker Butzmann mit seinem Modell: Es zeigt, wie Bühne und Seitenbühnen in Räume für Ballgäste bzw. Tanzfläche verwandelt werden.

Viele wichtige Gedanken reiften ab 2003 im »Internationalen Forum für Kultur und Wirtschaft Tiberius«, wie die seit 2001 veranstalteten Gesangswettbewerbe »Competizione dell' Opera« und der 2003 aus der Taufe gehobene internationale Klavierwettbewerb »Anton G. Rubinstein« – alles Babys von Frey: »In der Villa Tiberius am Weißen Hirsch diskutierten wir mit Sachsens Staatsminister für Wirtschaft und Arbeit i. R. Kajo Schommer, dem Juwelier Georg H. Leicht oder dem General Manager vom Hotel Taschenbergpalais Kempinski Ronald in 't Veld Fragen der Ball-Strategie.« Auch Ministerpräsident Georg Milbradt, der ab 2002 die Staatsgeschäfte lenkte, war einbezogen: »Mit Schommer und Frey saßen wir einen ganzen Abend zusammen, besprachen verschiedenste Aspekte. Mir war immer wichtig, neben den notwendigen Strukturentscheidungen in Zeiten von Europäisierung und Globalisierung alle Menschen in diesem Transformationsprozess mitzunehmen. Unverzichtbar sind da Emotionen, der Nationalstolz auf die großen Traditionen. Und wir brauchen die Kultur als Wurzel, um in der Welt nicht heimatlos zu werden. Staatstragende Schicht in Sachsen ist seit 150 Jahren das Bürgertum. Bürger, die sich verantwortlich fühlen, mitarbeiten. Das neue Bürgertum benötigte eine Form der Selbstdarstellung, welche weit über Sachsen hinausgriff. Der Semper-Opernball war in meinen Augen so ein Versuch, aus Altem Zeitgemäßes zu schaffen. Deshalb machte die Regierung gegenüber der Oper deutlich, dass der Ball gewünscht sei. Die Staatskanzlei wird bei Protokollfragen und Einladungen unterstützend tätig. Es waren Fragen des Risikos zu klären, die eine Inanspruchnahme von Steuermitteln ausschlossen. Die Öffentlichkeit sollte einbezogen werden, und wir mussten ein Qualitätsniveau erreichen, das den Ball auch zum Zugpferd des Tourismus machte.«

Noch fehlten 30 bis 40 Prozent Wissen. Wo hätte man da besser Erkundigungen einholen können als bei der Mutter aller neuzeitlichen Staatsbälle, dem berühmten Wiener Opernball? Türöffner war Wolfgang Schweizer. Der einstige Präsident des Verwaltungsrates einer medizintechnischen Firma in Zug in der Schweiz – als Hauptlieferant rüstete sie einst sämtliche DDR-Kliniken mit künstlichen Kniegelenken aus – ist ein Liebhaber klassischer Musik und persönlicher Freund des Dirigenten Waleri Gergijew. Sein Hobby: Er gründete in Wien die Agentur »Opera4u«, die mittlerweile weltweit 125 Opernsänger, Sängerinnen und Dirigenten wie George Gagnidze, Anja Harteros, Georg Zeppenfeld oder Constantin Trinks unter Vertrag hat. Schweizer: »Georg Leicht stellte die Verbindung zu Operndirektor Frey her, und ich lud beide mit Ehepartnern zum Ball nach Wien ein. Einquartiert waren sie im damals noch öffentlichen ›Hotel im Palais Schwarzenberg‹ am Schwarzenbergplatz. Der Palast gehört heute wieder dem Fürsten Karel Schwarzenberg – bis 2013 Außenminister der Tschechischen Republik.«

Erinnert sich Hans-Joachim Frey an diesen Donnerstagabend vor Aschermittwoch 2004, gerät er ins Schwärmen: »Ich hatte gerade alle Manschetten- und Zierknöpfe meines nagelneuen Fracks eingefädelt, da holte uns schon ein livrierter Fahrer mit der Limousine ab. Von der Privatloge Schweizers, der uns sofort der reizenden Grand Dame der Wiener Gesellschaft und Ball-Organisatorin seit 1999, Elisabeth Gürtler-Mauthner, vorstellte, bot sich ein Traumblick aufs Ballgeschehen. Beim Tanz winkte mir Sylvester Levay, der ungarische Komponist von ›Elisabeth‹ und meines Lieblings-Musicals ›Marie Antoinette‹, zu, bat uns in eine Loge. Ich hatte ihn beim Kompositionswettbewerb in der Gläsernen Manufaktur kennengelernt. Es war die Loge der Familie Porsche. Dort duzte mich mit dicker Zigarre – Rauchverbot herrscht erst seit 2005 – Boss Wendelin Wiedeking persönlich: ›Du bist also der Operndirektor aus Dresden. Wir haben in Leipzig gerade ein Werk gebaut.‹ Als ich ihm von den Ball-Plänen erzählte, meinte er: ›Junge, wenn du das hinkriegst, kaufe ich dir die größte Loge ab‹. Er hielt Wort und zahlte acht Bälle lang 26 000 Euro für die Loge im zweiten Rang. Nur durch ein Missgeschick verloren wir ihn.«

Impresario Hans-Joachim Frey in der Loge beim Wiener Opernball. Hier holte er sich wertvolle Anregungen.

Vier Uhr am Freitagmorgen, die Säle leerten sich, Exklusiv-Führung durch Elisabeth Gürtler. Frey: »Sie war ja nicht nur Ball-Chefin, auch Besitzerin des Hotels Sacher sowie der Sachertorten AG, hielt daneben mehrere Beteiligungen. Mir fiel wie Schuppen von den Augen, dass unsere Kempinski-Kooperation goldrichtig war. Und dass die 4 700 Gäste mit gut gefülltem Magen zu solch Ereignis kommen sollten, weil einfach kein Voll-Catering möglich ist. Vom Dachboden bis zum Keller zeigte sie uns alles. Die Wiener Oper ist bedeutend größer als die Semperoper. Neben den 76 prestigeträchtigen Ranglogen – in diese darf nur, wer als Donator jährlich 36 800 Euro plus zehn Prozent Umsatzsteuer berappt – werden extra noch 34 Bühnenlogen errichtet. Frau Gürtler war anzumerken, dass sie uns am liebsten eine Wien-Kopie als Franchise verkaufen würde. Dubai, Zagreb und Kuala Lumpur haben das ja gemacht.« Bei Georg Leicht hinterließ die Visite einen etwas faden Beigeschmack: »Dem Jungdamen- und Herrenkomitee – so nennt man das Debütanten-Modul dort – fehlte aus der Nähe betrachtet Noblesse. Die immensen Polizeisperren, welche Demonstranten von den Feiernden fernhalten sollten, der überbordende Kommerz, die Werbelastigkeit mit unzähligen Firmenständen wie auf einem Markt störten mich. Das konnte man besser lösen.«

Doch vorher waren Hürden zu nehmen. Wer sollte eigentlich die Verantwortung tragen? »Beim Vorsitzenden des Vorstandes der Sparkassen-Versicherungen Sachsens, Gerhard Müller, kam es zu einer Beratung«, so Frey. »Neben Intendant Uecker nahmen Sachsens Staatsminister für Wissenschaft und Kunst, der heutige

Meisterwerke in Europas schönster Oper: der Bühnenvorhang von Historienmaler Ferdinand Keller und darüber die Fünf-Minuten-Uhr mit Chronoskopf, Kindergruppe und Sanduhr.

Landtagspräsident Matthias Rößler, der Vorsitzende des Kuratoriums der Stiftung zur Förderung der Semperoper Jürgen Hubbert und der Gründer der Stiftung zur Förderung der Semperoper Rudolf Häussler teil. Letztere fanden erst salbungsvolle Worte, dann holten sie die Katze aus dem Sack. Alle hätten schlechte Erfahrungen mit Opernbällen gemacht, Geld mit solchen verloren und wollten dieses Projekt nicht an vorderster Stelle unterstützen. Sie gaben das wirtschaftliche Risiko zu bedenken. Es könne nicht sein, dass sie Hunderttausende Euro unter Sponsoren für Premieren sammeln, und dann wäre das schöne Geld durch einen Ball futsch. Die Stimmung drohte zu kippen, alles bei den Operngremien durchzufallen – da riss ein Mann das Ruder herum.«

Matthias Rößler, der regelmäßige Premierenbesucher und personifizierte Vertreter sächsischer Identität, kannte Frey vom Forum Tiberius, hatte aufmerksam seinen Gesangswettbewerb verfolgt: »Aus alter Gärtnerfamilie vom Dresdner Stadtrand stammend, wusste ich aus Familienerzählungen um die einstige hohe Ballkultur. Ich meinte, man müsse es einfach mal probieren, und fragte Herrn Frey: ›Trauen Sie sich zu, den Ball als Verein zu organisieren?‹ Er nahm sein Herz in die Hand – und hat das glänzend gemacht!«

Der Operndirektor konnte natürlich schwerlich dem eingetragenen Verein »Semper Opernball« vorstehen, der mit der Oper und damit quasi sich selbst Verträge schließt. Deshalb wurde 2005 vorerst Kempinski-Chef in 't Veld 1. Vorsitzender. Neben Frey, Leicht und Butzmann holte man Konzertveranstalter Bernd Aust ins Boot, der mehrfach die Oper angemietet und beste Kontakte zum MDR hatte. Für das Catering Uwe Wiese, welcher schon das Musenfest beköstigte. Frey: »Als Schatzmeister kam Rainer Naseband von der Ostsächsischen Sparkasse Dresden. Wir brauchten auch unbedingt noch einen Rechtsanwalt. Den fand ich mit dem Onkel dritten Grades Horst-Michael von Kummer bei einer Feier meiner eigenen ostpreußischen Großfamilie.« Carsten Dietmann, Geschäftsführer der DD+V-Mediengruppe, die auch die Sächsische Zeitung herausgibt, Dresdens Beigeordneter für Wirtschaft Dirk Hilbert, Steuerberater Ernst Kötter und Gerhard Müller von der Sparkassen-Versicherung komplettierten das Team.

Der Verein gegründet, der Ball-Termin 13. Januar 2006 festgelegt, die Kooperation mit dem MDR lief an – nun kam 2005 die Geldfrage an die Reihe. Für den ersten Ball war ein Budget von 1,1 Mio. Euro kalkuliert, das durch Kartenverkauf erwirtschaftet werden musste. Vieles, wie Werbung oder Spezialbauten, galt es vorzufinanzieren. Die Semperoper forderte allein für ihre Technik – Umbau von Bühne, Zuschauerraum, zweier Probebühnen, des großen Ballettsaals und des Orchesterproberaums, für Zusatzpersonal, Beleuchtung und Beschallung, Bodenbeläge, Architektenleistungen, Logentrennungen eingeschlossen – 317 420 Euro zuzüglich Mehrwertsteuer in fünf Raten, letzte fällig am 1. Januar 2006! Frey: »Bevor wir offiziell in Vorverkauf und Werbung gingen, weihten wir 25 Multiplikatoren der sächsischen Gesellschaft und Wirtschaft, Lions und Rotarier sowie den Chef des Industrieklubs Sachsen in das Projekt ein. Natürlich um ihnen einen Teil der Tische zu verkaufen. Ich trug das inhaltliche und künstlerische Konzept vor. Doch als die Kartenpreise von bis 1 200 Euro pro Sitzplatz zur Sprache kamen, wehte uns eisige Ablehnung entgegen. Man spürte förmlich, dass sie uns für Spinner hielten, welche die Ost-Situation mit 30 bis 40 Prozent weniger Kaufkraft als im Westen nicht kannten. Leichenblässe bei meinen Mitgliedern im Vorstand. In dieser Situation stand – obwohl kein Vereinsmitglied – Wolfgang Schweizer auf, durchquerte den Raum, pflanzte sich vor dem damaligen Chef eines großen Unternehmens auf und erklärte mit theatralischer Geste: ›Sie haben das wundervolle Konzept gehört. Sagen Sie mal, wie viele Tische nehmen Sie?‹ Grabesstille, eingezogene Köpfe. Dann rief Schweizer mit schneidendem Ton: ›Ich nehme 15 Tische und Logen!‹ Das war eine Summe von 200 000 Euro! Da stotterte einer der Angesprochenen: ›Ich nehme vielleicht einen Tisch‹. Schweizer: ›Aber ich 15‹. Der so in die Enge Getriebene erhöhte auf zwei Tische. Schweizer: ›Protokollieren Sie, das ist eine verpflichtende Kauferklärung.‹ Und so ging es weiter, wir bekamen an einem Abend 40 Prozent des Budgets herein, hatten Planungssicherheit.«

In der Oper lief es mittlerweile bestens. Auch der Orchesterdirektor der Sächsischen Staatskapelle, Jan Nast, oder Benedikt Holtbernd, der Künstlerische Betriebsdirektor, legten sich ins Zeug. Unklar blieb trotzdem, ob das Konzept am Ende aufgehen würde. Schatzmeister Naseband: »Es blieb ein Abenteuer. Wir verkauften Eintrittskarten, lösten gleichzeitig in Massen Aufträge aus. Niemand wusste, wo wir finanziell standen. Vergessen wurde sogar eine Ausfallversicherung. Hätte man wegen Attentaten, Naturgewalten, einer baupolizeilichen Sperrung der Oper oder Staatstrauer allen oder vielen Eintrittsgelder zurückzahlen müssen – wir wären bankrott gewesen.« Juwelier Leicht schmunzelt heute: »Herr Schweizer stattete uns zwar beim ersten Ball generös mit einer Bankbürgschaft über 200 000 Euro aus. Letztlich bürgten die Vorstandsmitglieder des Vereins mit ihrem Privatvermögen.«

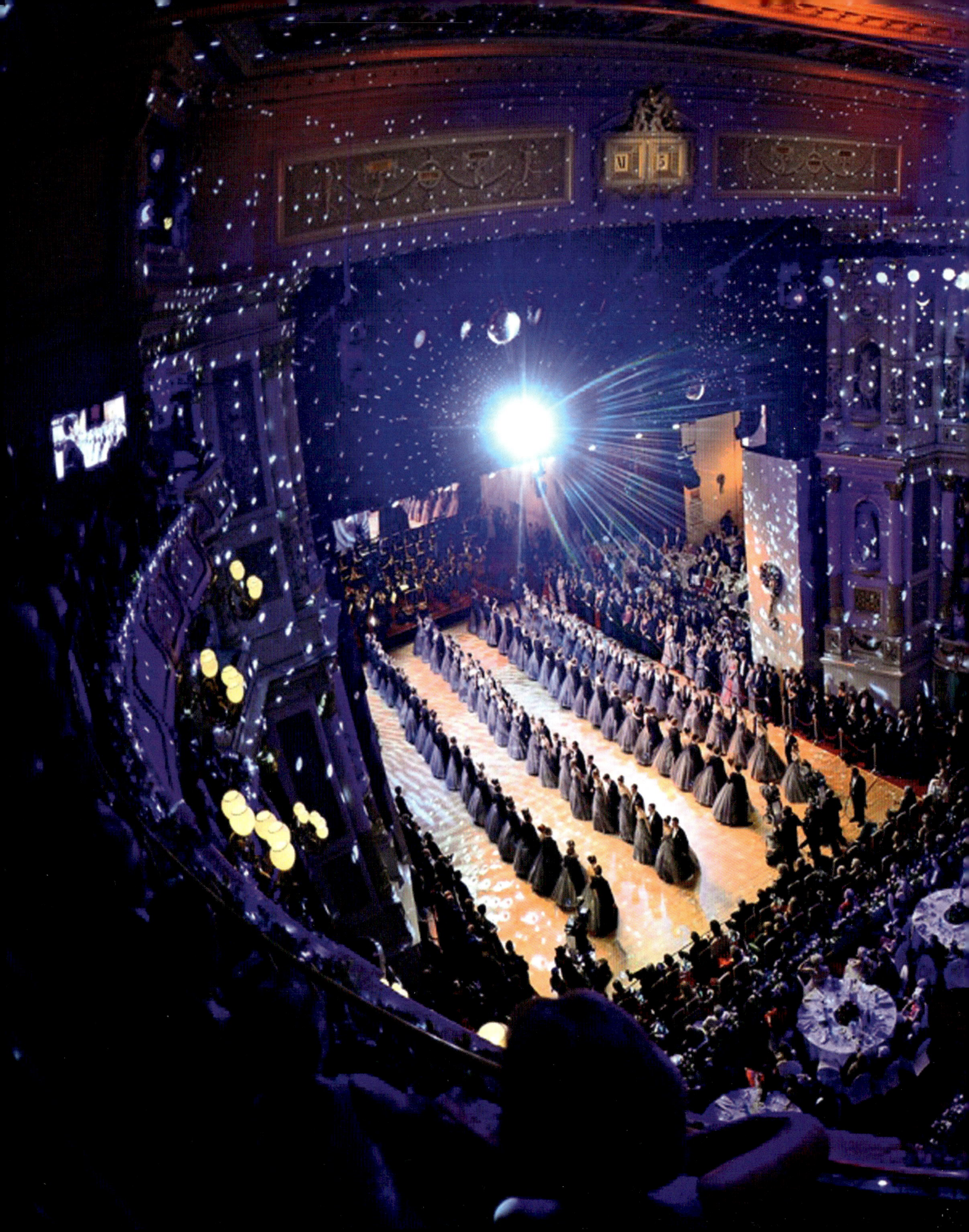

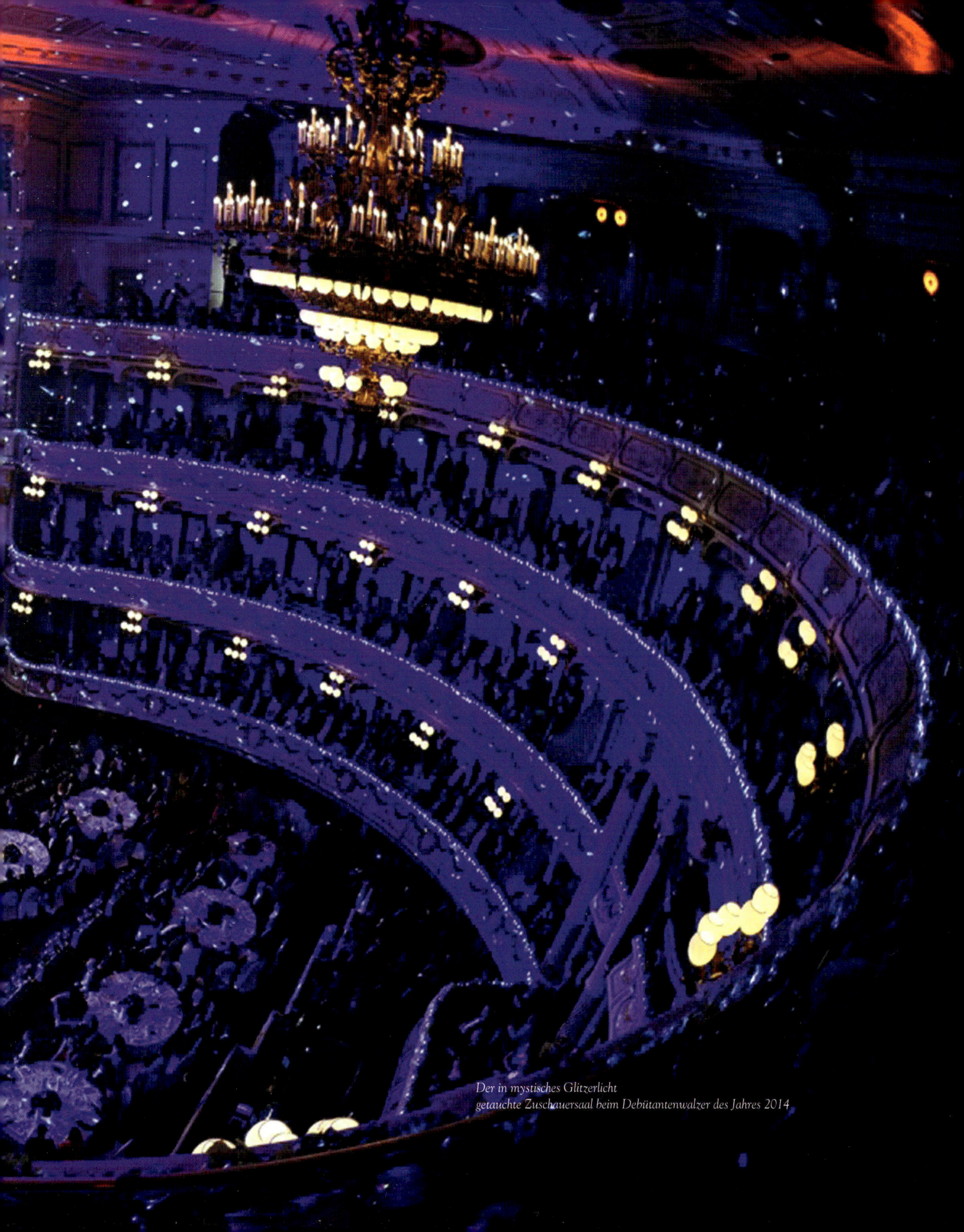

*Der in mystisches Glitzerlicht
getauchte Zuschauersaal beim Debütantenwalzer des Jahres 2014*

Zündende Idee in letzter Minute – der Heilige aus purem Gold

Das über 400 Jahre alte Vorbild des Ball-Ordens ist unschätzbar wertvoll.

Weltweit einzigartig: der »Dresdner St. Georgs Orden des SemperOpernballs« aus purem Gold mit Rubin und Brillanten

Drei Dinge machen den Dresdner SemperOpernball unverwechselbar, ja weltweit einzigartig: Gottfried Sempers zauberhaftes Haus an der Elbe, der parallel vor der Oper stattfindende Open-Air-Ball und ein wahrhaft königlicher Orden – der »Dresdner St. Georgs Orden des SemperOpernballs«. Wie manch gute Idee wurde auch diese quasi über Nacht geboren. Es war einige Wochen vor dem 1. Ball. Alle Tisch- und Logenplätze hatten ihre Käufer gefunden, die Umbaupläne standen, das Brandschutzkonzept war abgesegnet, man feilte noch am Show-Programm. Ein glitzerndes, fröhliches Fest stand bevor. Auf der Gästeliste: Schlagersänger Roberto Zerquero-Blanco, bekannt als Roberto Blanco, der britische Sänger Roger Whittaker, der beliebte DDR-Unterhaltungskünstler Wolfgang Lippert, Porsche-Chef Wendelin Wiedeking, Sachsens Ministerpräsident Georg Milbradt. Einen Schimmer royalen Glanzes versprühte der designierte Wettiner-Chef Alexander

Im Juwelenzimmer blitzen Europas kostbarste Geschmeide hinter Panzerglas.

Der Schriftzug »Adverso Flumine« (»Gegen den Strom«) wird per Hand in den Orden graviert.

Prinz von Sachsen, Urenkel des letzten Sachsen-Königs, mit Prinzessin Gisela aus dem Fürstenhaus Bayern. Und doch schien etwas zu fehlen: eine über den deutschsprachigen Raum hinaus bekannte Persönlichkeit.

Ball-Chef Hans-Joachim Frey: »Vieles bei so einem Ereignis manifestiert sich an der Frage: Welche und wie viele Prominente sind anwesend? Nun ist Dresden weder Wien noch Berlin, auch kein Medienzentrum wie Köln oder München. Und Weltprominenz erscheint gewöhnlich nur, wenn sie eine klar definierte Rolle hat. So kam ich mit Georg Leicht auf eine ganz außergewöhnliche Auszeichnung, einen Orden.« Juwelier Leicht mit neun Geschäften zum Beispiel im Berliner Hotel Adlon, dem Schloss Bensberg bei Köln oder auf dem »Traumschiff« MS Deutschland, dessen Stammhaus seit 1961 in der Goldstadt Pforzheim steht: »Ich musste nicht lange überlegen, schlug die Replik eines Ordens aus der weltberühmten Schatzkammer im Dresdner Residenzschloss, dem Grünen Gewölbe, vor. Seit wir 1994 im gegenüberliegenden Taschenbergpalais eine Dependance eröffneten, verbindet uns viel mit diesem Museum. Für unsere Kundschaft hatten wir mit Genehmigung des Direktors Dirk Syndram schon mehrere Schmuckstücke kopiert. Darunter den Lieblingsring von August dem Starken, den Siegelring von Reformator Martin Luther oder einen Ring des großen Humanisten Philipp Melanchthon. Doch der Anhänger mit dem Heiligen Georg als Drachentöter gefällt mir besonders – nicht nur, weil ich selbst Georg heiße. Auf diesen fiel unsere gemeinsame Wahl.«

Die acht Zentimeter hohe plastische Arbeit zählt zu den künstlerisch bedeutendsten Kleinodien des Grünen Gewölbes. Faszinierend, wie der Künstler es verstand, die Dynamik des legendenhaften Geschehens und selbst feinste anatomische Details in purem Gold, mit Email, Diamanten, Rubinen, Perlen sowie einem Smaragd für die Ewigkeit festzuhalten. Der heilige Georg zu Pferde, welcher gerade mit seinem Speer der Bestie den Todesstoß versetzt, zieht jeden in seinen Bann. Man weiß, dass dieser Anhänger aus kurfürstlichem Besitz vor 1600 entstand und damit seit mehr als 400 Jahren eine Zierde des Staatsschatzes ist. Ab 1556 bauten Sachsens Herrscher im Schloss den sich über mehrere Räume erstreckenden Riesentresor mit meterdicken Mauern, Gittern, eisernen Fensterläden und verborgener Wendeltreppe in die Wohngemächer. Hier lagerten sie neben Kisten voller Gold- und Silbermünzen, Edelmetallbarren, Schatullen mit Perlen, Diamanten und Smaragden, Pokalen aus Bernstein, Bergkristall und Elfenbein ihre Schmuck-Garnituren und glanzvolle Kunstwerke. August dem Starken ist nicht nur die großzügige Erweiterung, sondern auch der Umbau zum Museum – dem Grünen Gewölbe – zu verdanken. In der wertvollsten Juwelensammlung Europas und einem der ältesten Museen der Welt glänzen heute über 4000 Schätze, unter anderem die Trinkschale Iwans

Seit 2007 wird der »Dresdner St. Georgs Orden des SemperOpernballs« in einem Holz-Etui überreicht.

2014 stiftete Juwelier Georg Leicht gleich sechs Orden.

Rechts: Sachsens Ministerpräsident Georg Milbradt überreicht Armin Mueller-Stahl beim ersten Ball den Orden auf einem roten Samtkissen.

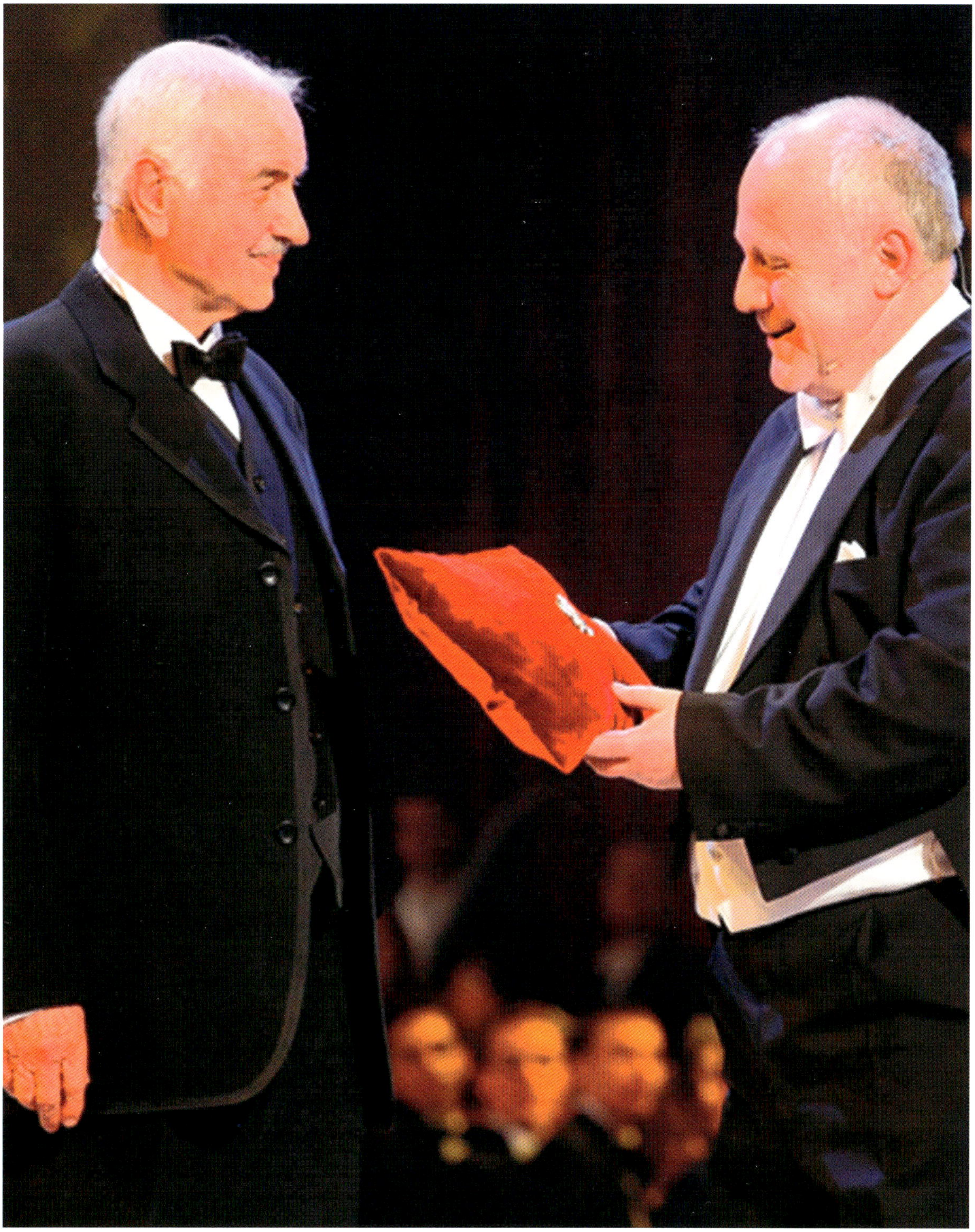

In den Räumen des Residenzschlosses befindet sich das Schatzkammer-Museum »Historisches Grünes Gewölbe«.

des Schrecklichen, eine Taschenbibel von Schwedenkönig Gustav Adolf, ein Saphir von Zar Peter dem Großen mit 648 Karat oder der »Dresdner Grüne Diamant« – mit 41 Karat einer der größten überhaupt.

Für den Ball-Orden verzichteten die Organisatoren auf den Perlenschmuck des originalen Georg-Anhängers. Dafür ist das Ordens-Motto »Adverso Flumine« (»Gegen den Strom«) als Handgravur verewigt. Auf der Rückseite befinden sich der Goldstempel und das Verleihungsdatum. »Es ist mir eine hohe Ehre, den Orden stiften zu dürfen«, freut sich Georg Leicht: »Er ist der einzige auf der Welt aus massivem 18-karätigen Gold mit blutrotem Rubin von einem Karat Gewicht und zwei Brillanten. An jedem arbeiten meine Juweliere mindestens 14 Stunden.« Der Wert bemisst sich, je nach Goldpreis, auf um die 7 000 Euro. Bei neun Semper-Opernbällen wurden bislang 31 dieser Orden verliehen, allesamt gesponsert von Leicht. Ein Kuratorium bestimmt alljährlich aus einer langen Liste internationaler Persönlichkeiten den oder die Preisträger. Wie der heilige Georg sollen sie sich für das Gute einsetzen, gegen alle Widerstände, »gegen den Strom«. Bedingung: »Wer diese Würde entgegennimmt, muss beim Verleihungsakt in Dresden anwesend sein.« Bis 2009 hieß er »Sächsischer Dankorden des Semper Opernball e. V.«. Und als Erster bekam ihn Hollywood-Legende Armin Mueller-Stahl, der mit zwei Oskar-Nominierungen geehrte deutsche Schauspieler, welcher zuletzt als Kardinal im US-Thriller »Illuminati« an der Seite von Tom Hanks Erfolge feierte. Bevor er mit der DDR brach, in der BRD und den USA Karriere machte, war er als Stasi-Superagent der TV-Geheimdienst-Reihe »Das

Georg Leicht heftet 2007 dem früheren deutschen Außenminister Hans-Dietrich Genscher den Orden an.

unsichtbare Visier« einem Millionenpublikum bekannt geworden.

Frey: »Wir verständigten uns damals ganz schnell auf Armin Mueller-Stahl. Doch es war ein Bangen bis zuletzt. Er ist zwar mein Onkel, sagte aber erst zwei Tage vor dem Ball zu.« Mit dem Orden bekam auch Sachsens Ministerpräsident als Laudator eine Hauptrolle. Doch das Zittern ging nach dem Verleihungsakt weiter. Leicht: »Der kostbare Orden lag auf einem roten Kissen, welches ein Page brachte. Armin Mueller-Stahl wedelte bei seinen Dankesworten mit dem Kissen herum, klemmte es sich schließlich unter den Arm. Ich hatte eine Heidenangst, dass der Orden vom Kissen rutscht und in weitem Bogen davonfliegt.« Seitdem gibt es extra von Hand gefertigte Holz-Etuis. Die Orden – es wurden von Jahr zu Jahr mehr, 2014 sogar sechs – bringt Juwelier Leicht immer persönlich zum Show-Teil, steht mit diesen neben den Laudatoren: »Wenn die Geehrten mit dem Orden in der Schatulle in der ersten Reihe Platz genommen haben, versuche ich dann unauffällig und fast kniend – weil wir die TV-Übertragung nicht stören dürfen und was mit meinen 1,96 Meter nicht ganz leicht fällt – ihnen die Orden anzustecken. Bei Ornella Muti half mir deren Tochter.«

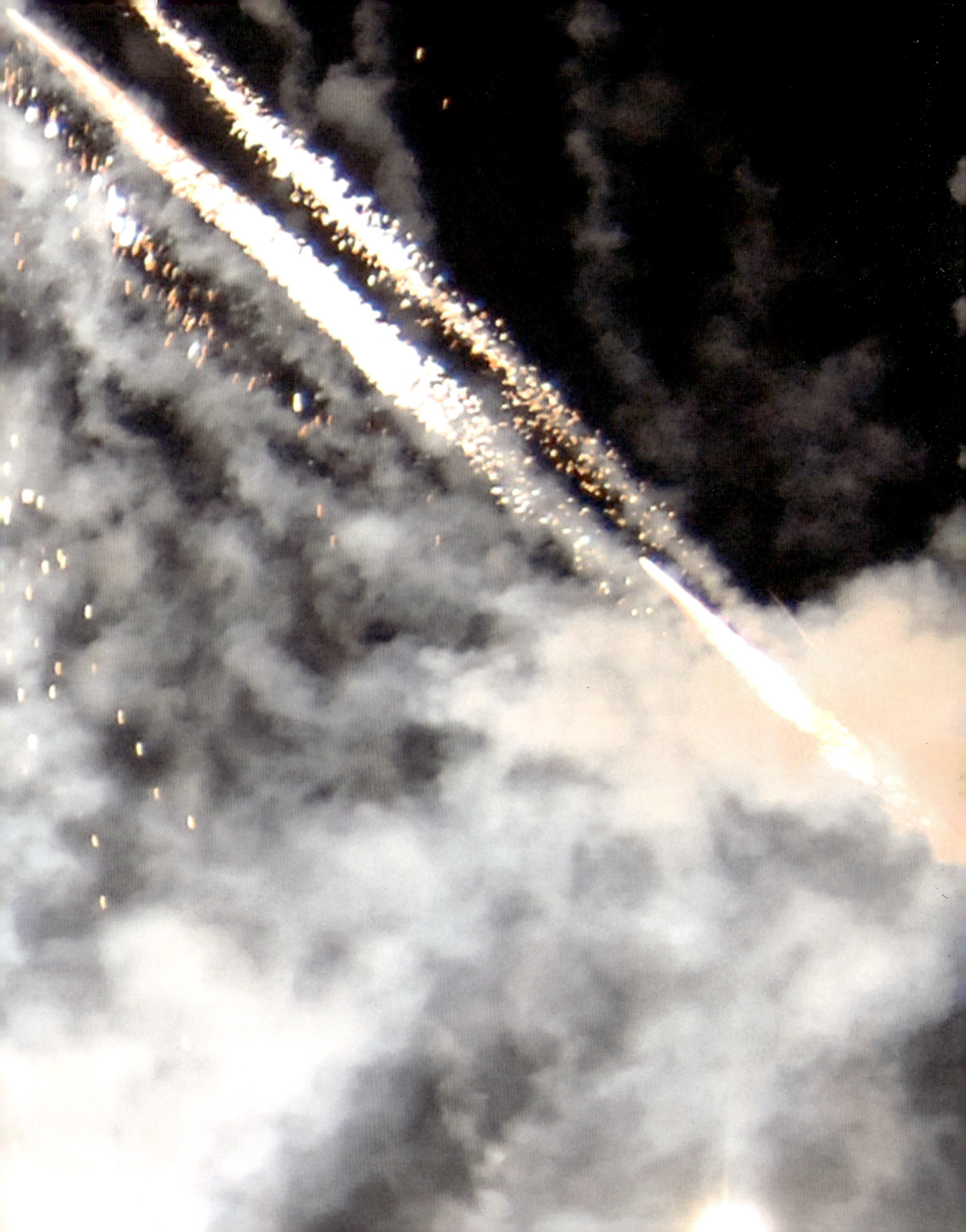

Zwischen Raketensalven erschien 2006 plötzlich über der Semperoper diese weiße Kutsche, gezogen von Pferden mit funkensprühenden Hufen.

2006 – die faszinierende Tradition erlebt ihre Renaissance

Colliers blitzen, leise rascheln Kleider, wenn die Damen tuscheln. Herren in Frack oder Smoking stehen stolz dabei. Neben wohlriechendem Parfum liegen Festlichkeit, Erwartung und gute Laune in der Luft. Fotografen von über 100 Agenturen und Zeitungen jagen nach exklusiven Bildern, Kamerateams übertragen das Gesellschaftsereignis der Extraklasse live in deutsche Wohnstuben. Am 13. Januar 2006, einem Freitag, ist es endlich so weit: Der SemperOpernball – lange nur ein Mythos – feiert 67 Jahre nach dem letzten Fest gleichen Namens und 17 Jahre nach der Wende im ehrwürdigen Bau von Barrikadenrevolutionär Gottfried Semper seine glanzvolle Rückkehr.

Die respektable Gästeliste zierte neben sächsischen Köpfen bundesdeutsche und sogar ausländische Prominenz: Kanzleramtschef Thomas de Maizière, Tschechiens Außenminister Cyril Svoboda, Kaffeekönig Albert Darboven und Bahnvorstand Otto Wiesheu, Verleger-

Rechts: Umjubelte Gäste:
Altministerpräsident Kurt Hans Biedenkopf und Gemahlin Ingrid

Die Schlüsselzeremonie eröffnete den Ball, v. l.: Kempinski-Chef Ronald in 't Veld,
Semperoper-Intendant Gerd Uecker, Ministerpräsident Georg Milbradt, Ball-Impresario Hans-Joachim Frey, Oberbürgermeister Ingolf Roßberg.

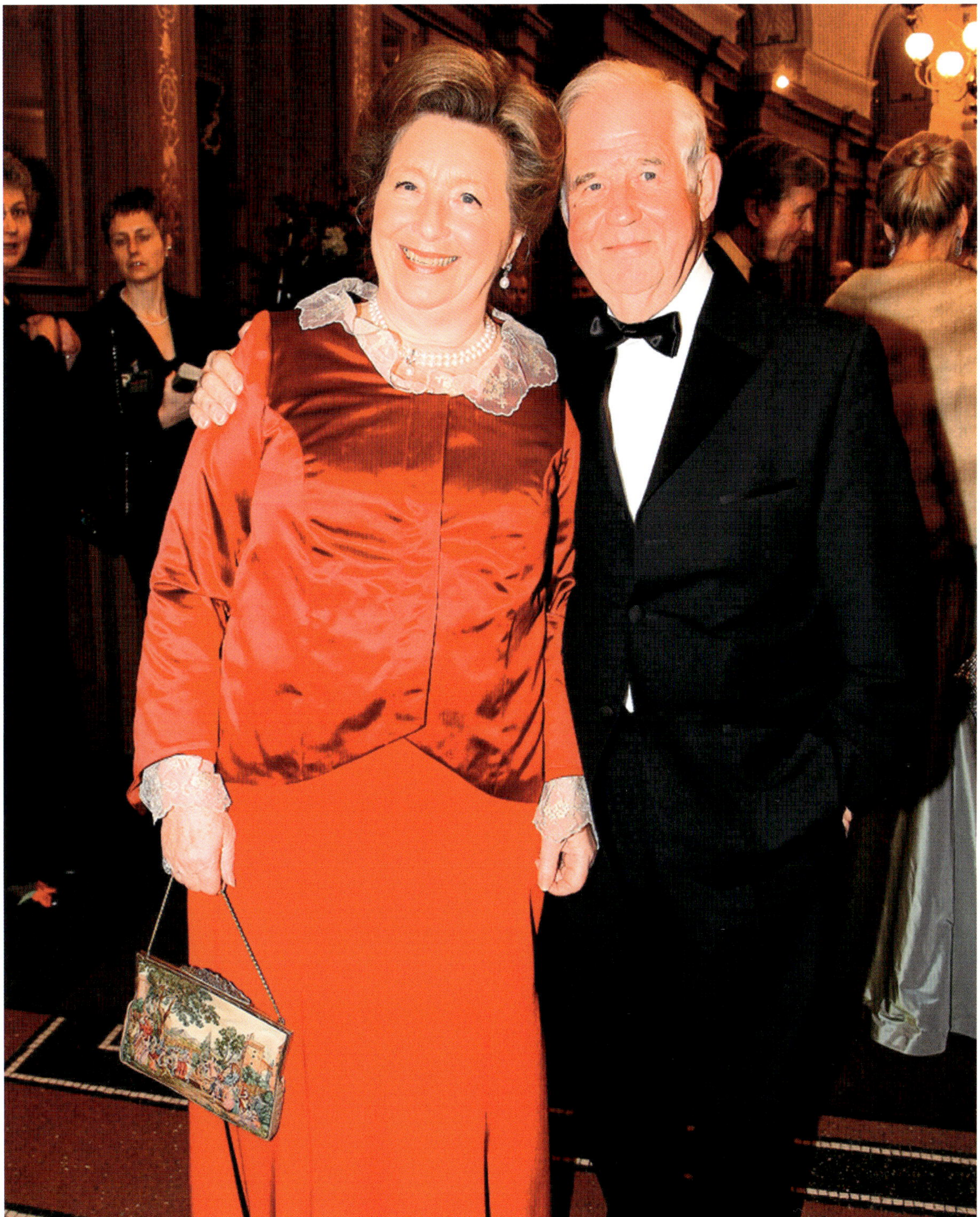

Roberto Blanco hatte seine Opernball-Karte schon frühzeitig bestellt.

Aus Mainz und München herbeigeeilt: Marietta Slomka und Ehemann Christof Lang

Vertreter des vormals regierenden Königshauses: Alexander Prinz von Sachsen und Prinzessin Gisela

Stimmgewaltige Überraschung des Abends: Sopranistin Diana Damrau

Gattin und Bertelsmann-Aufsichtsrat Liz Mohn, Juwelier-Chefin Kim-Eva Wempe, Baron Thomas von Ardenne, Sohn des Atom-, Fernseh- und Krebspioniers Manfred Baron von Ardenne, Schauspielerin Suzanne von Borsody, TV-Moderatorin Marietta Slomka. Wiener Charme versprühte die gebürtige Österreicherin Senta Berger, die mit ihrem Mann, Regisseur Michael Verhoeven, erschien. »Besonders«, so Ball-Impresario Hans-Joachim Frey, »freute ich mich über die Anwesenheit von Altministerpräsident Kurt Hans Biedenkopf und Gemahlin Ingrid. Hatte Sachsens ehemalige Landesmutter, diese unglaublich charmante, fürsorgliche und vitale Frau, doch seit 1990 immer wieder die Initiative für Bälle und Charity ergriffen. Damit stillte sie nicht nur die Sehnsucht nach bürgerlicher Normalität, sie schuf jenen Humus, den wir für unseren Ball so dringend brauchten. Als Ballleiter habe ich mit beiden seit 1999 ganz engen, herzlichen Kontakt und fühle mich inzwischen fast wie ein weiterer Schwiegersohn.«

Euphorisch sprachen Medien vom »Identifikationsereignis«, ja von Dresden als dem »Zentrum für ein neues Bürgertum in Ostdeutschland«. Gleich einem Auto, bei dem der Lack noch nicht auf Hochglanz getrimmt ist, war der erste Ball ein roher Diamant – und ein Wagnis. Trotzdem hieß die Devise: Wir spielen in der Premiumklasse neben Wien auf. Das beäugte mancher skeptisch. Staatsopern-Geschäftsführer Wolfgang Rothe, dem der Kassensturz gerade ein 6,9-Millionen-Loch für das Haus prognostizierte, ließ den Vertrag mit dem Verein von Anwälten und Steuerberatern prüfen – damit kein Haftungsrisiko blieb. Frey gesteht heute: »Wäre etwas schiefgelaufen, hätten wir die Chance auf Wiederholung verspielt.« Doch alles lief wie am Schnürchen. Sogar die berühmte The New York Times berichtete, dass der Glamour nach Dresden zurückgekehrt sei. Der Ball-Chef: »Die Gemeinschaftsproduktion mit dem MDR, Schlüssel-Zeremonie, Vorfahren der Gäste, Einzug der Stars, Feuerwerk, TV-Show mit Sächsischer Staatskapelle, Ballett, Pop, Jazz und internationalen Gästen, Preisverleihung, Open-Air-Ball, Debütanten, Eröffnungswalzer, Mitternachtsakt – die Grundstruktur war erdacht, fertig und ist natürlich heute bis in tiefste Verästelungen perfektioniert.«

Vorausschauend übergab MDR-Intendant Udo Reiter nicht der Klassik-Abteilung, sondern dem Unterhaltungsressort von Udo Foht, dem Quotenbringer, den Ball. Und bewusst vertraute man dem glaubwürdig mit dem Haus verbundenen Gunther Emmerlich, der bereits beim Musenfest 1989 eine dominierende Rolle gespielt hatte und den durch seine »Showkolade« und die »Zauberhafte Heimat« im ZDF Millionen kannten, die Moderation an.

1,93-Meter-Hüne Emmerlich: »Zur Hälfte war ich beim ersten Ball als August der Starke verkleidet, dem Friedrich Wilhelm Junge alias Graf Brühl assistierte. Dazu kam eine witzige Kabarett-Nummer mit Wolfgang Stumph. Dann verwandelte ich mich in den Moderator, den Opernführer.« Mit Humor und Seriosität trifft der Grandseigneur seitdem den richtigen Ton. Emmerlichs Motto: »Seriös muss nicht langweilig sein.« Dafür sorgen auch die jährlich wechselnden Damen an seiner Seite: Auf Superstar Senta Berger folgten Gudrun Landgrebe mit ihren herrlich grünen Augen, die reizende Wolke Hegenbarth, Opernsänger-Kollegin Eva Lind, die burschikose Miriam Pielhau, Stéphanie Berger aus dem Otto-Waalkes-Film »Otto's Eleven«, die mancher mit Stephanie Stumph verwechselte, die erfrischende Ruth Moschner, Diva Johanna Klum und die gleichermaßen exotische wie sympathische Collien Ulmen-Fernandes. Eines hat sich bis heute nicht geändert: »Unser auf 90 Minuten konzipierter Show-Teil, daran musste sich das Fernsehen gewöhnen, wird regelmäßig überzogen.«

Der designierte Chefdirigent und Generalmusikdirektor Fabio Luisi persönlich dirigierte die Sächsische Staatskapelle beim Walzer »An der schönen blauen Donau« und den anderen Ohrwürmern. Tenor Marcelo Álvarez und die Sopranistin Diana Damrau schmetterten die schönsten Arien. Letztere war eine der vielen angenehmen Überraschungen des Abends, erinnert sich Frey: »Im Prospekt warben wir noch mit Angela Gheorghiu. Doch die Grand Dame auf dem Zenit ihrer Karriere stellte zahlreiche Zusatzforderungen, hatte bis sechs Tage vor dem Ball den Vertrag nicht unterschrieben.« So bekam statt der komplizierten Rumänin der junge aufsteigende Komet am Klassik-Himmel seine große Chance. Aus Mitgliedern der Staatskapelle stellte Violinist Siegfried Pfeiffer wie danach jedes Jahr ein Ballorchester zusammen. Von der »Wunderharfe« kam auch Solotrompeter Mathias Schmutzler mit seinem Bläserensemble, der in späteren Jahren manch Fanfarenstück komponierte. Peter Degner, Veranstalter-Urgestein aus Leipzig, vermittelte noch Willy Ketzer und Paul Kuhn – Stimmung an allen Fronten gesichert!

Doch Dresden wäre nicht Dresden, wenn man nicht auch an die Bürger dächte, die keine der 300 Flanierkarten zu 120 Euro ergattern konnten. Diese nahmen also via Großbildschirm am Geschehen teil, waren eingeladen, auf dem Theaterplatz den Eröffnungswalzer

Ball-Moderator seit der ersten Stunde: Gunther Emmerlich als August der Starke

Tom Roeder schwebte während des Feuerwerks mit einer weißen Kutsche vom Himmel vor die Semperoper.

Der Ballsaal zum ersten SemperOpernball 2006

70 Debütanten-Paare beim ersten Walzer

Prominenz und Preisträger stoßen auf das gelungene Fest an: Hans-Joachim Frey, Armin Mueller-Stahl, Tschechiens Außenminister Cyril Svoboda und Georg Milbradt (v. l.).

zu tanzen, unter Anleitung von Ex-Wirtschaftsminister Kajo Schommer und Kammersänger Matthias Henneberg mit heimischen Chören zu singen, das Defilee über den roten Teppich zu beobachten und per »Applausometer« den besten Chor zu bestimmen. Zur pompösen Inszenierung gehörte das festliche Feuerwerk. Aus diesem schwebte eine feuerspeiende Kutsche vom Himmel, der eine Gestalt mit einem Kerzenleuchter voller Wunderkerzen entstieg – Tom Roeder. Den Leuchter brachte er in die Oper und schlug damit den Bogen zwischen dem Opernball im Inneren und dem davor stattfindenden Volksfest.

Nur einem verhagelte die Lungenentzündung das Fest – Technik-Direktor Volker Butzmann: »So konnte ich die erst eine Stunde vor Öffnung beendete Abnahme

Siegfried Pfeiffer und sein Ballorchester – alles Mitglieder der Sächsischen Staatskapelle

unserer umgebauten Oper durch Feuerwehr, Sicherheitsingenieure und örtliche Bauaufsicht nicht leiten. Meine Leute haben das jedoch allein hinbekommen. Ein befreundeter Anästhesist vom Friedrichstädter Krankenhaus päppelte mich wenigstens per Antibiotikainfusion für den Abend auf. Im Frack habe ich mich früh vier Uhr glücklich wieder ins Klinikbett geschlichen.«

Er schlief längst, da tanzten Pärchen 5 Uhr noch ausgelassen auf dem Parkett im Zuschauersaal, bei Diskoklängen in der »Jump-Deluxe-Lounge«, vergnügten sich im »Spiegelsaal« oder der «Club Havanna Lounge«. Frey: »Die ›Tanzbar Fledermaus‹ kam erst 2007 dazu.« Und wer befürchtete, die Oper überstehe den Trubel nicht, wurde eines Besseren belehrt: Statt eingeplanter 10 000 Euro Stuckschäden kam man mit 1 500 Euro aus.

Heiße Disco-Klänge in der »Jump-Deluxe-Lounge«

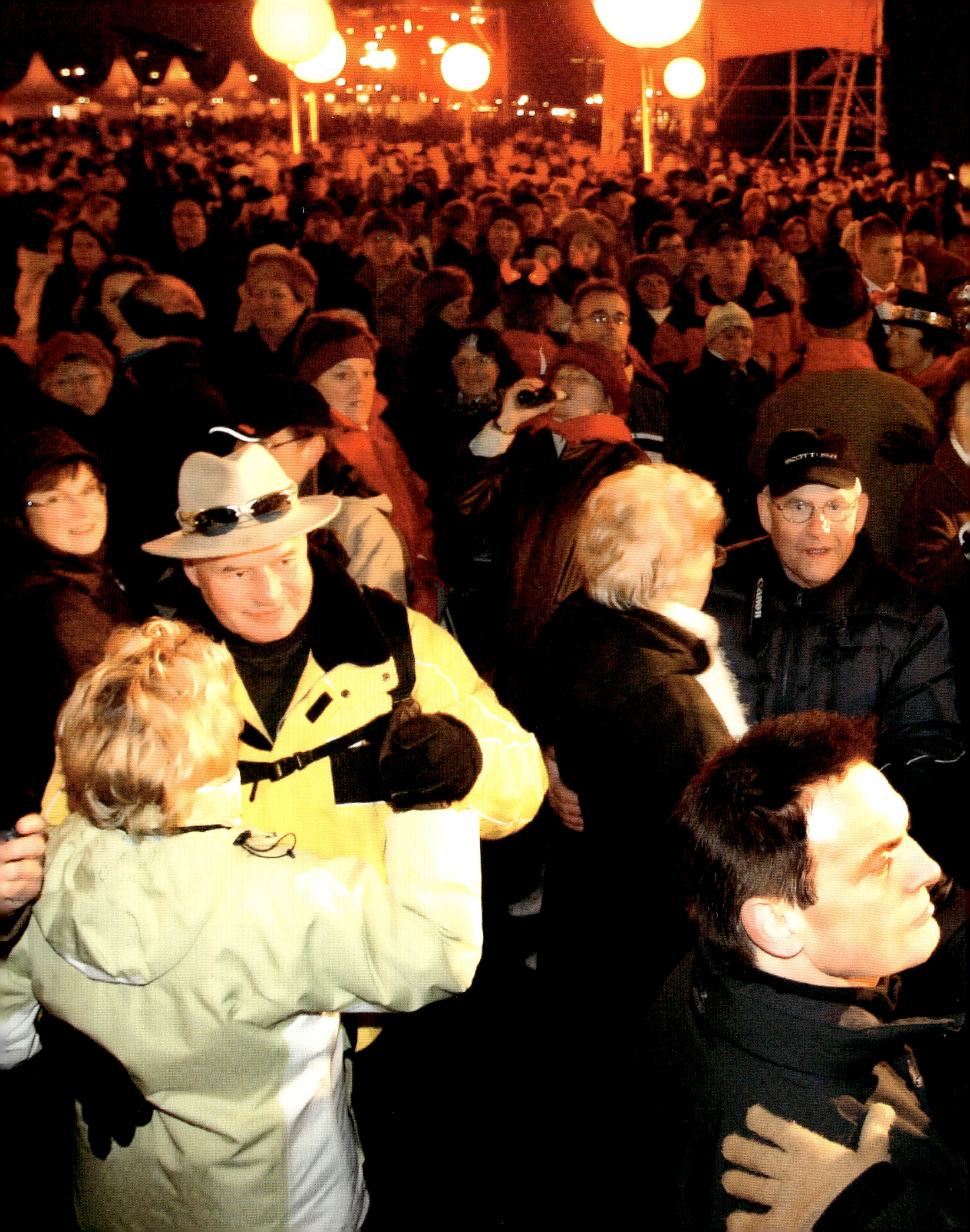

*In ausgelassener Stimmung tanzen Alt und Jung
über das Pflaster des Theaterplatzes.*

Eine Stadt im Walzerrausch – der einzigartige SemperOpenairball

Ob Regen, Glatteis, Pulverschnee oder sternklare Nacht – bis zu 13 000 Neugierige liegen sich einen Abend und eine Nacht lang vor der Oper, die dank TV-Werbung bis heute manche für die Braustätte des berühmten Radeberger Biers halten, in den Armen. Sie haben ihre eigene Bühne, trinken Feldschlößchen-Pils, essen Thüringer Bratwürste, wärmen sich am Glühweinbecher, singen, scherzen, drehen Dreivierteltakt-Runden. Es ist der Geniestreich: Obwohl die meisten beim SemperOpernball draußen bleiben müssen, strömen sie dennoch in Scharen herbei, amüsieren sich köstlich. Während 2 200 Gäste drinnen das Galaprogramm verfolgen, feiert vier bis sechs Mal so viel Publikum vor der Oper eine rauschende Party und ist per Videoleinwand im Zuschauerraum dabei. Sekretärin Monika Hildebrandt kommt jedes Jahr: »Für mich und meinen Mann ist das der schönste Tag des Jahres, wie ein Stückchen Hollywood, ein Rausch. Selbst die Kinder haben uns schon im Fernsehen Walzer tanzen sehen. Auf Tuchfühlung mit so vielen Promis, Stars und

Bis zu 13 000 Dresdner und Touristen machen jedes Jahr den SemperOpenairball zu einem Megaevent.

Raffiniert kostümiert, werden Zuschauer selbst zum Programm.

Das Musical« an. Autor und Regisseur des sensationsheischenden Bühnenspektakels über Diskriminierung und Zwei-Klassen-Gesellschaft war kein Geringerer als der »Panzergeneral des schwarzen Humors«, Erik Gedeon. Zu Evergreens aus den Musicals »West Side Story«, »Hair«, »Cats« oder »Jesus Christ Superstar« trafen Arbeitslose im Wartezimmer eines Arbeitsamtes aufeinander, grillten Ratten und setzten ihrem Leben schließlich kollektiv ein Ende. »Zeit«-Kolumnist Peter Kümmel fand für den Spannungsbogen zwischen Ball und Theater treffliche Worte: »Stand man am Eingang des Zwingers, so hatte man auf einer Blickachse das ganze deutsche Programm, den Größenwahn des kommenden Weltmeisters und die Verzweiflung des Weltsauertopfs: den Nerz und die Ratte, die Champagnerbar und den Gully …«

Doch wer auch immer an jenem Freitagabend auf Tumulte hoffte, wurde bitter enttäuscht. Keine Demonstranten, keine Farbbeutelwerfer. Statt Protestgruppen wie beim Wiener Opernball, die das Defilee über den roten Teppich dort mitunter zum Spießrutenlauf werden lassen, gab es Jubel, Beifall, Autogrammwünsche. Oberbürgermeister Ingolf Roßberg eröffnete auf dem Platz die 800-Jahr-Feier, Ministerpräsident Georg Milbradt sprach. Mit Inbrunst sangen 4 000 Menschen gar den Gefangenenchor aus »Nabucco«, ließen sich dabei – alles live in die Oper übertragen – vom früheren

Millionären zu sein – so etwas gibt es nur in Elbflorenz!« Seit Anbeginn ist dies Teil von Hans-Joachim Freys Gesamtkunstwerk: Dresdner und ihre Gäste machen selbst Programm, werden zum Programm und verwandeln das Pflaster des Theaterplatzes in das größte Tanzparkett der Welt – den SemperOpenairball! Dieser ist bislang ein Dresdner Phänomen – und fast unerklärbar. Als der Termin des 1. SemperOpernballs öffentlich wurde, hatte Holk Freytag, Intendant des nur zwei Minuten entfernten Staatsschauspiels im Dresdner Schauspielhaus, eine ketzerische Idee. Er setzte für den gleichen Abend die Uraufführung »Hartz IV –

Der funkelnde Orden für die Teilnehmer des Open-Air-Balls 2014

Oberbürgermeisterin Helma Orosz zeigt den Orden aus echtem Gold, den sie stellvertretend für alle Dresdner entgegennahm.

Wirtschaftsminister Kajo Schommer dirigieren. Im Folgejahr kamen schon 6000, dann 10000, mittlerweile gibt es ein großes Stammpublikum.

Landtagspräsident Matthias Rößler, der beim SemperOpernball 2008 sogar seinen Geburtstag hatte: »Mir sagte jetzt jemand, ›das gibt's nur in unserem monarchisch geprägten Dresden‹. Doch wir kennen wirklich keine Spaltung zwischen denen da drin und jenen draußen. Wenn es schneit, ist dies stimmungssteigernd, kalt und trocken ist super, und bei bisschen Regen alle vier Jahre kann man sich entsprechend anziehen und warmtanzen. Meines Wissens ist es weltweit der einzige Ball, dessen Stimmung so am Wetter hängt.« Auch Schauspieler Armin Mueller-Stahl faszinieren die Massen vor der Oper: »Der SemperOpenairball bringt Menschen zusammen, und es ist ein Vergnügen für alle – das habe ich in den vielen glücklichen Gesichtern gesehen.« Gunther Emmerlich weiß: »Das ist eben typisch Dresden. Als die letzte Straßenbahn über das Blaue Wunder fuhr, guckten auch 20000 Leute zu. Hier sind nicht die Reichen drin und die Armen draußen. Ich kenne viele persönlich, die sich das dreimal leisten könnten und trotzdem draußen feiern. Vielleicht auch, weil vor der Oper natürlich die bessere Luft ist. Einmal haben fünf Leute Stunk gemacht, die haben die Dresdner einfach weggetanzt.«

Wie man die Bevölkerung einbeziehen soll, darüber zerbrachen sich im Vorfeld neben Politikern und Brauereien selbst Weingüter den Kopf. Geschäftsführerin

Rechts: Jeder Prominente auf dem roten Teppich, hier Entertainer Thomas Gottschalk 2014, wird von den Dresdnern begeistert empfangen.

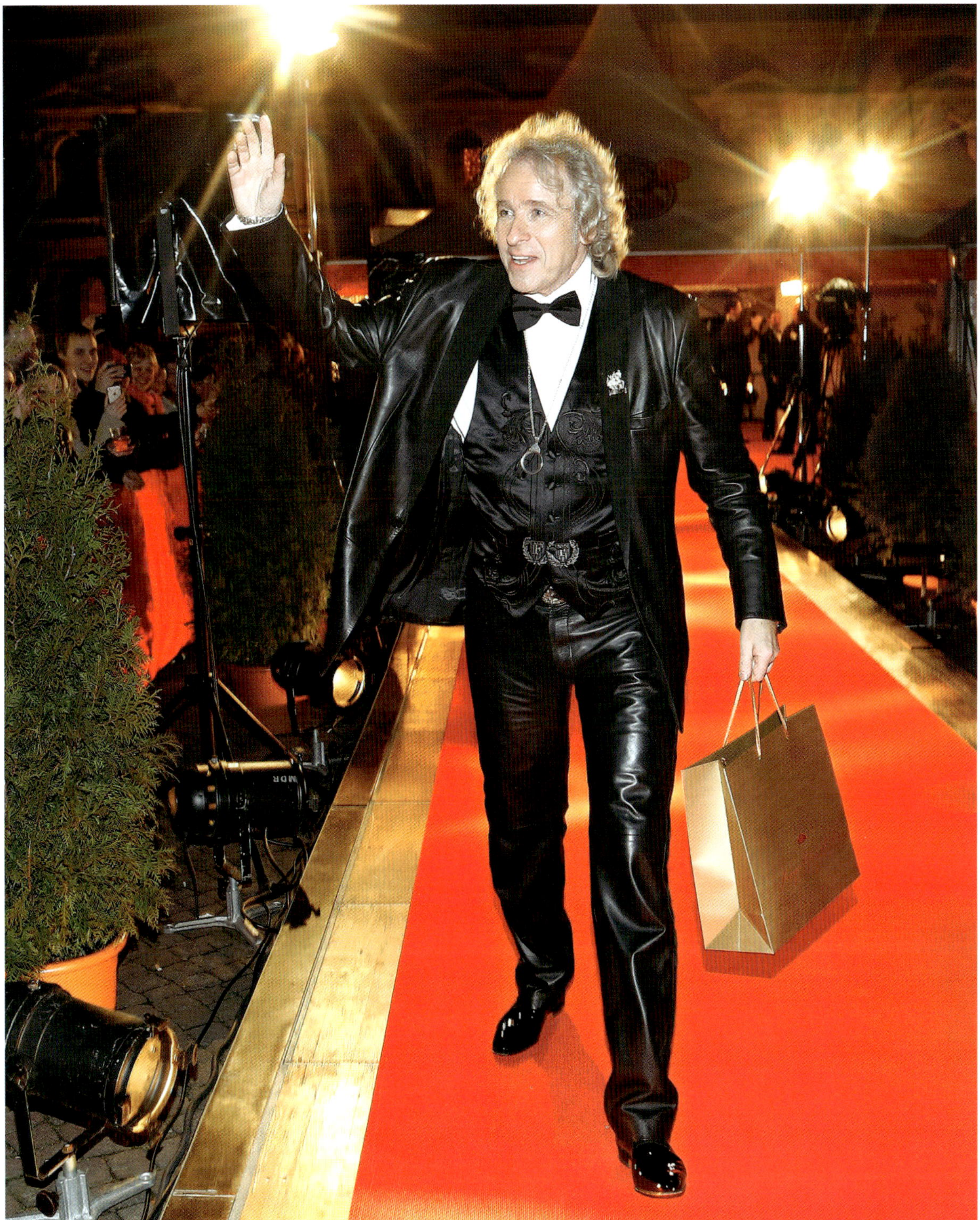
MDR

Touristen pilgern mittlerweile aus ganz Europa zum größten Tanzparkett der Welt.

Sogar ein »König« fand sich zum SemperOpenairball ein.

Sonja Schilg vom Staatsweingut Schloss Wackerbarth, dessen »Bussard-Sekt« schon bei den Bällen vor dem Zweiten Weltkrieg ausgeschenkt wurde: »Ohne breite Akzeptanz bei den Dresdnern ist so ein Ereignis für mich undenkbar.« Gut, dass die Veranstalter zwei Monate vor dem Countdown noch die Kurve bekamen. Frey, kreativer Kopf und Manager des Balls, blieb dies wie folgt in Erinnerung: »Bei einer der letzten Runden im MDR, die TV-Sendung war fast fertig konzipiert, hatten wir den Eindruck, dass etwas fehlte.« Quasi das Körnchen Salz für die Suppe, die Petersilie auf der Bouillon, ohne die jedes Gericht fade, ja farblos bleibt. Der künstlerische Gesamtleiter: »Es war ein Feuerwerk bestellt, aber keiner hatte je gefragt, wer das eigentlich ansehen soll. Da ich wie alle anderen in der Oper fest-genagelt bin, habe ich das bis heute nicht zu Gesicht

Auch dieses Pärchen ließ sich 2009 vom Walzerfieber anstecken.

bekommen. Wir gingen alle bekannten Shows in Deutschland und den USA durch, blieben bei Thomas Gottschalks ›Wetten, dass .. .?‹ hängen. Mir fiel gleich die Außenwette ein. Wir wollten aber kein simples Public Viewing mit Imbissständen und Getränkebuden, das Publikum sollte richtig eingebunden werden. Es sprudelten dann mehr Ideen, als Geld vorhanden war. Denn ehrlich gesagt waren 2006 dafür null Cent eingeplant. Heute sind es 150 000 Euro! Dass wir beim ersten Ball so gewaltig improvisierten, hat dann aber, Gott sei Dank, keiner mitbekommen.«

Mittlerweile ist der kostenlose Außenball, der seit 2007 offiziell SemperOpenairball heißt, fast eine eigenständige Marke. Gäste aus ganz Deutschland und darüber hinaus kommen her, manche in aufwendiger Kostümierung. Hier feiern Junggesellen Abschiede und verliebt man sich neu, veranstalten Karnevals- und Motorradclubs ihre Treffen. Reiseveranstalter werben mit dem Event für einen ganz besonderen Dresden-Aufenthalt. »Nur Kartenreservierungen, wie häufig angefragt«, lacht Frey, »wollen wir für den Theaterplatz nicht einführen.«

Als »Bestes Publikum der Welt« ausgezeichnet, bekamen 2014 alle vor der Oper einen Plastikanstecker in Form des »Dresdner St. Georgs Orden des Semper-Opernballs«. Der hatte weder Rubin noch Brillanten. Doch wer an seiner Batterie drehte, dessen Orden funkelte durch die Nacht. Oberbürgermeisterin Helma Orosz erhielt derweil stellvertretend für die liebenswürdigen Dresdner den echten Orden aus Dukatengold überreicht, der im Rathaus aufbewahrt wird und bestaunt werden kann.

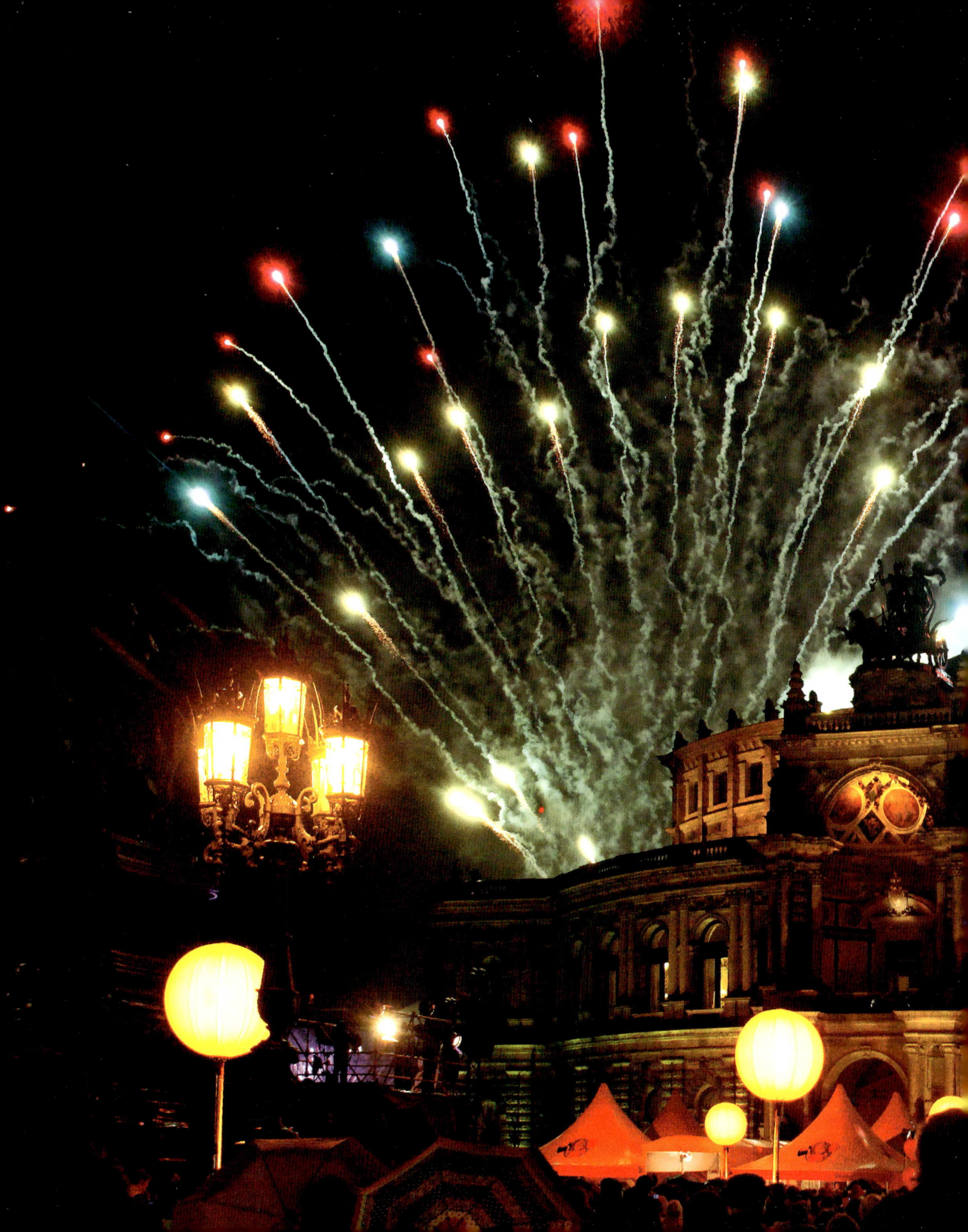

Raketen schießen in die Nacht, geben nach der Show das Signal »Alles Walzer!«.

Feuerwerk, Tanzrekord und mittendrin der MDR

Wenn der rote Teppich ausgerollt wird, Damen in edlen Roben, Herren in Smoking oder Frack erscheinen, Debütanten, romantische Walzer, Big-Band-Sounds, Champagner und Hummer die erste Geige spielen, findet einmal im Jahr Deutschlands Opernball Nummer eins statt – der SemperOpernball! Dieses Brillantfeuerwerk großer Gefühle und künstlerischer Spitzenleistungen wäre nie so erfolgreich, hätten die Initiatoren nicht von Anfang an die Liaison mit dem meistgesehenen dritten Fernsehprogramm der ARD – dem Mitteldeutschen Rundfunk, dem MDR – gesucht.

Eine Aktie am Erfolg hat auch Wolf-Dieter Jacobi. Der heutige MDR-Fernsehdirektor war damals Leiter des Programmbereichs Fernsehen des Landesfunkhauses Sachsen und erinnert sich noch genau an den ersten Kontakt: »Ball-Chef Hans-Joachim Frey suchte Verbindung zum TV und landete zuerst bei uns im Dresdner Landesfunkhaus. Unter anderem mit Direktorin

MDR-Moderator René Kindermann und No-Angels-Sängerin Jessica Martina Wahls bringen die Menschen vor der Semperoper in Stimmung.

Ein Feuerrad von 30 Metern Durchmesser drehte sich 2010 über der Semperoper.

Ulrike Wolf habe ich damals sein Konzept angehört und war sofort begeistert. Einen Ball mit der enorm strahlkräftigen Semperoper zu verknüpfen – dies hatte gewaltiges Potenzial, musste eine ganz große Nummer werden und verdiente unsere vollste Unterstützung. Wir haben dann sofort alle Wege geebnet, und ich war bei den ersten Sitzungen auch dabei.«

Längst ist der Ball im MDR-Sendegebiet, welches die Bundesländer Sachsen, Thüringen und Sachsen-Anhalt umfasst, zum größten Medienereignis gewachsen. Jacobi: »Weil die Zuschauerresonanz einfach spitze ist und viele beliebte Showformate überflügelte, senden wir fast fünf Stunden live. Faszinierend, dass es gelungen ist, mit einem Klassik-Repertoire – also mit großem Orchester, klassischem Ballett und diesem Opernhaus – ein Massenpublikum zu erreichen. So etwas gelingt sonst nie. Es gibt kaum ein Klassik-Event im deutschen TV, das Quote macht.« Über die Live-Ausstrahlung im MDR und am Folgetag nochmals via 3sat für den Rest Europas sind durchschnittlich zwei Millionen Zuschauer beim SemperOpernball dabei. »In der Spitze«, freut sich Wolf-Dieter Jacobi, »erreichen wir sogar über 20 Prozent Marktanteil im Sendegebiet. Dabei schalten viele jüngere Zuschauer aus der Gruppe der 14- bis 49-Jährigen die Übertragungen an. Und jedes Jahr werden mehr Menschen aufmerksam. Sie sind überrascht, welch aufwendig gestaltetes Programm mit wirklich herausragenden Künstlern geboten wird. 'Dieser Ball ist unschlagbar und hat große Chancen, weiter zu wachsen.«

Für die Berichte vom Ball verlegt der Sender nicht nur jedes Jahr fünf Kilometer Kabel in und vor der

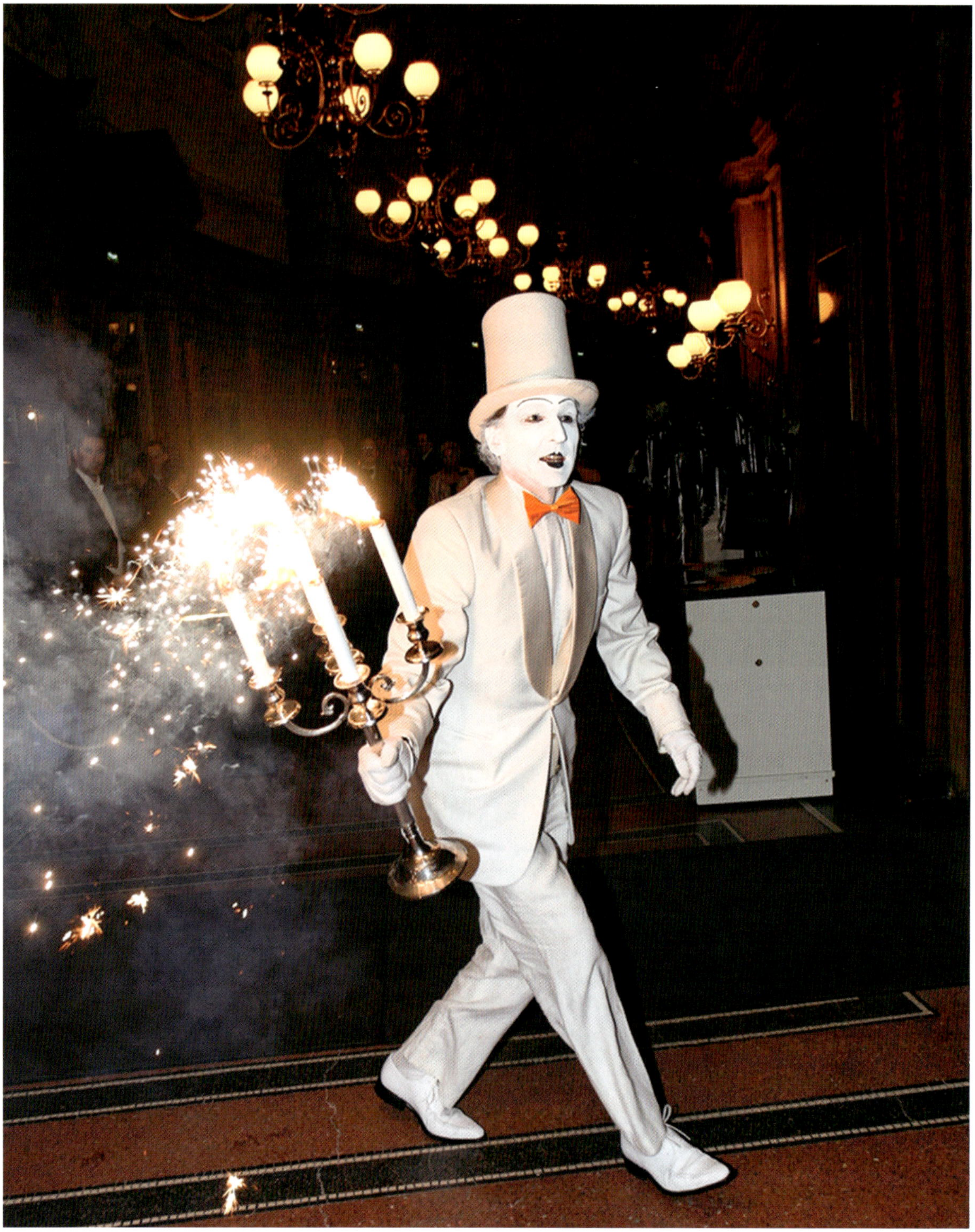

Zum SemperOpenairball kamen schon 13 000 Dresdner und Gäste auf den Theaterplatz.

Oper. 230 MDR-Mitarbeiter, darunter 20 Kamera-Teams und 43 Spezialisten in den Ü-Wagen, sorgen dafür, dass die Welt am glamourösen Galageschehen und dem SemperOpenairball teilhaben kann. Nach Katrin Huß und Griseldis Wenner berichtet seit 2009 Mareile Höppner exklusiv vom roten Teppich und aus dem Saal. Auch vor die Oper schickt der MDR seit 2007 seine beliebtesten Moderatoren wie Anja Koebel, René Kindermann, Andreas F. Rook, Anna Funck, Roman Knoblauch. Bei jedem Wetter machen sie das Freiluftspektakel zu einem Ohren- und Augenschmaus.

Längst wird auf dem Platz zwischen Elbe, Zwinger, Residenzschloss und Oper nicht mehr nur geschlemmt, gesungen und getanzt. Durch Vermittlung des Münchner Tuchhändlers und Immobilienentwicklers Arturo Prisco, der am Neumarkt investierte, wurde Hans-

Bei der Ballonaktion geht es um zwei Freikarten für den nächsten Ball.

Links: Tom Roeder als »Lichtfigur« bei seiner ersten Eröffnungsshow

Joachim Frey auf ein Allroundtalent aufmerksam: »Lustgärtner« Tom Roeder aus Dresden, der diplomierte Modedesigner, gelernte Feuerwerker und Stuntman, hat schon Shows auf der ganzen Welt veranstaltet. Für die Eröffnung von SemperOpernball und SemperOpenairball Punkt 21 Uhr lässt er sich immer etwas ganz Besonderes einfallen: »Das Schwierige bei meiner Inszenierung ist, eine Idee zu finden, die innen über die Großbildschirme und draußen unter freiem Himmel gleichermaßen erlebbar ist und alle fesselt.« Ein Dreivierteljahr vor dem Startschuss bespricht er mit dem Ballverein und dem MDR seine Visionen. Denn bei Roeder werden nicht nur Effekte in die Höhe geschossen, die sich dann in allen Farben als Blitze, Goldregen, Raketenfächer oder riesige Fontänen prächtig entfalten. Er bietet eine ganze Komposition aus Feuerwerk, Lasershow, Musik, Bewegungen und aufsehenerregenden Flugmaschinen: »Alles live auf die Sekunde. Der Aufwand ist alljährlich mit 50 Mitarbeitern zu bewältigen. 2007 schwebte ich auf einem zehn Meter hohen Grammophon mit sechs Meter breitem Trichter und riesiger Schallplatte durch die Luft und spielte dabei Musik.«

Das war ein echter Balanceakt zwischen Orkanböen. Impresario Frey: »›Kyrill‹ hatte Bäume wie Streichhölzer geknickt, Autos begraben, Dächer abgedeckt. Zeitweilig dachten wir darüber nach, den Ball abzusagen. Wir holten Kurt Biedenkopf, dessen Zug auf der Strecke stehen blieb, von einem Acker ab. Und mussten auch einen Fahrer zu Preisträger Hans-Dietrich Genscher schicken, dessen Flugzeug nicht abhob.« Der Grammophon-Flug konnte wegen des Unwetters nicht geprobt werden. »Wir kamen«, so Roeder, »mit dem zwei Tonnen schweren Grammophon kaum aus dem Windschatten der Oper, hatten zehn Sekunden Verzögerung im Programm. Während sich die Technik normalerweise vorher testen lässt, gibt es beim Feuerwerk keine zweite Chance.« Zehntausend sahen ihn 2008 in der venezianischen Gondel. 2009 öffnete sich ein riesiger Fächer, aus dem eine spanische Tänzerin trat, die zuerst virtuell, dann leibhaftig in der Oper weitertanzte. Im Folgejahr erschien zu »Freude schöner Götterfunken« eine zehn Meter hohe Krone aus Stahl über der Oper, aus der sich ein riesiges Feuerrad von 30 Metern Durchmesser entwickelte – alles von Martin Küchler berechnet und konstruiert. Ob gelber Heißluftballon mit Musikern, der Bus vom Moulin Rouge aus Paris oder die aus 50 Meter Höhe herunterschwebende Spiegelkugel – immer bietet Roeder Verblüffendes: »Im Spiegelanzug entstieg ich der Kugel, hatte einen Zauberstab in der Hand, aus dessen Enden Feuerfontänen sprühten, und sogar aus meinen Schuhen kam Silberregen.« Nie schmolz ein Stückchen Kupferdach, gab es Schäden – doch seit 2009 darf er seine Schwarzpulverkanonen und Technik für die fliegenden Märchenbilder nicht mehr auf der Oper postieren, nutzt dafür Hebebühnen links und rechts neben dem denkmalgeschützten Bau sowie dahinter.

Jedes Jahr starten tausend Luftballons – wer den am weitesten geflogenen Ballon findet, darf sich im nächsten Jahr gratis unter die Schönen und Reichen mischen. Der Theaterplatz erlebte zu nächtlicher Stunde bereits atemberaubende Akrobatik, Massengesänge mit dem Chorleiter der Nation, Gotthilf Fischer,

Mime Alf Mahlo unterhielt beim zweiten Ball 2007 die Dresdner unter freiem Himmel.

Auch dieses Paar machte 2013 beim Guinnessrekord mit.

Komödianten, einen »Karneval in Elbflorenz«, diverse Ballhymnen wie »Dresden dreht sich« oder »Dresden im Dreiviertel-Takt, weil der Rhythmus jeden packt. Ha, ha, ha, ha, ha …« von Komponist Ralph Siegel, der dafür seinen Welthit »Moskau, Moskau« umdichtete. 2013 gab es sogar einen Guinnessrekord. Im Mai 2010 hatten sich in Tuzla in Bosnien-Herzegowina 1510 Paare im Dreivierteltakt gedreht und waren so ins Guinness-Buch gelangt. Dieser Rekord wurde beim Semper-Openairball 2013 geknackt: von 1925 Dresdnern und Angereisten, die auf dem Kopfsteinpflaster zu einer Walzermelodie aus Tschaikowskis Ballett »Schwanensee« tanzten – gespielt von der Sächsischen Staatskapelle unter Maestro Asher Fisch!

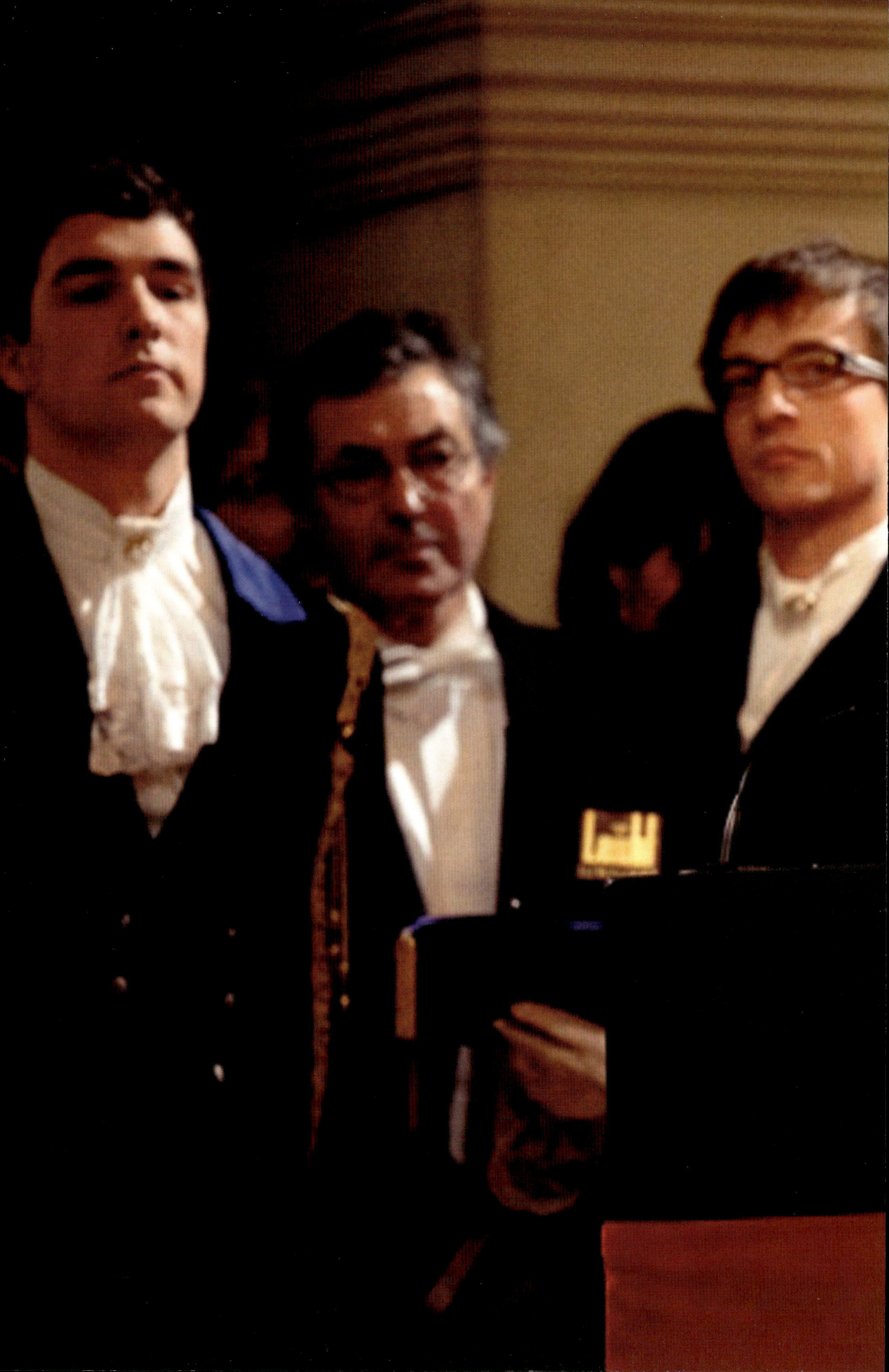

Russlands mächtigster Mann Wladimir Wladimirowitsch Putin während seiner Dankrede nach Verleihung des Ball-Ordens.

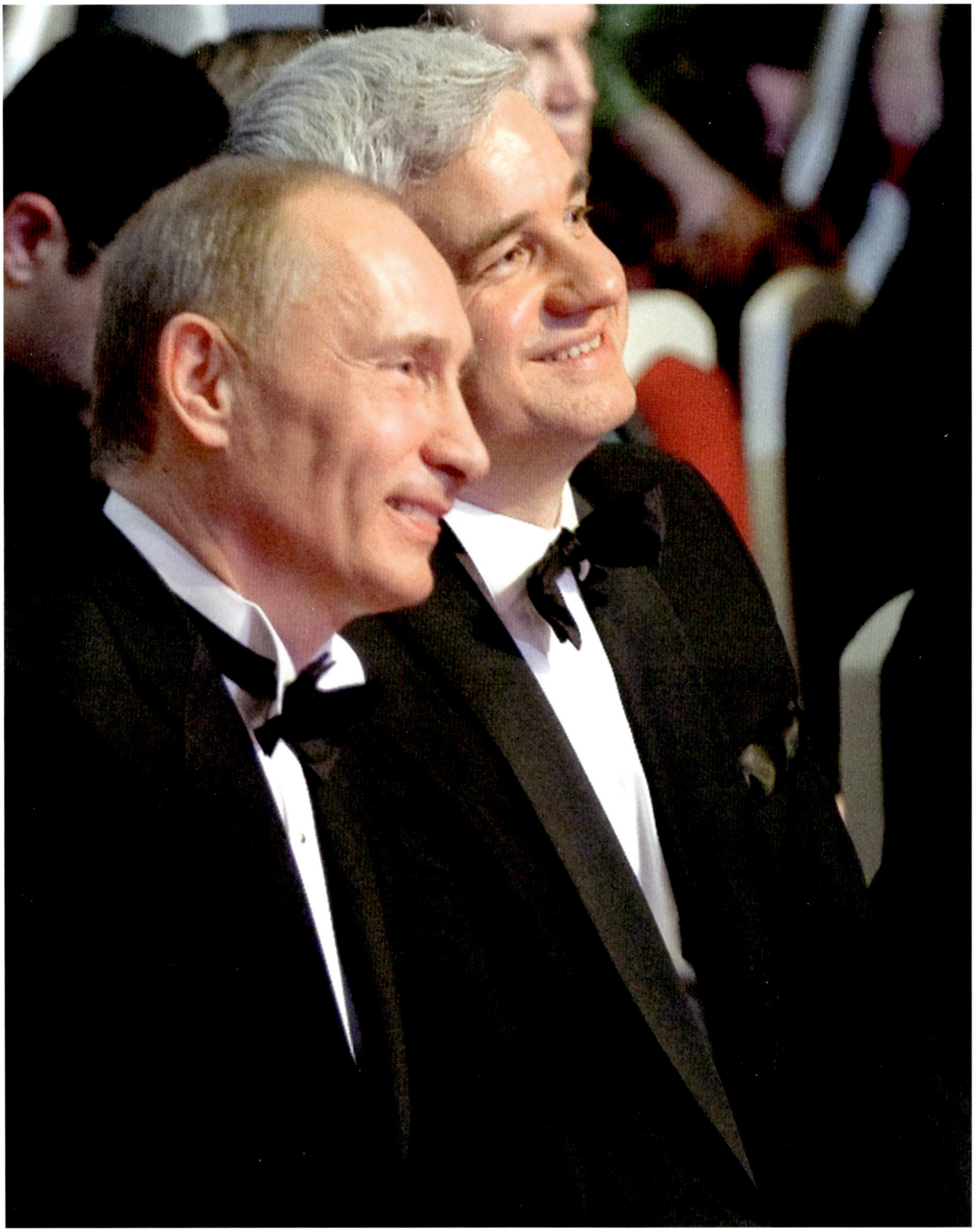

Spezialauftrag!
Wie lockt man Russlands ersten Mann an die Elbe?

In den Anfangsjahren hatte der SemperOpernball ein Problem, das Sachsens früherer Ministerpräsident Georg Milbradt charmant beschreibt: »Beim Wiener Opernball sind der Bundespräsident und die halbe Regierung anwesend. Aus Sicht der Bundesregierung Deutschlands ist dieser Ball noch nicht als der nationale entdeckt worden. Da Prominente so ein Ereignis jedoch ungemein schmücken, suchten wir immer Persönlichkeiten aus dem Ausland, aus Wissenschaft, Kultur und Politik. Manche waren zögerlich, zierten sich.«

Doch mit einem der mächtigsten Männer der Erde katapultierte sich der Ball 2009 in die Champions League derartiger Vergnügungen: Wladimir Wladimirowitsch Putin, der damalige Ministerpräsident und heutige Präsident der Russischen Föderation, war der heiß debattierte Ehrengast, der die Welt auf die Glamourshow in Dresdens Opernhaus blicken ließ.

Hans-Joachim Frey, geistiger Vater und Gesicht des Balls: »Der Anstoß kam von Georg Milbradt. Nach der Auswertung des toll gelaufenen Events 2008 meinte er, dass es an der Zeit wäre, einen wirklich wichtigen Staatsgast zu bekommen: ›Wir könnten ja mal Putin fragen, der hat eine Affinität zu Dresden …‹ Und dann gab er die entscheidenden Tipps: ›Der Musiker Sergej Roldugin kennt Putin persönlich.‹ Den Weg zu Roldugin vermochte sicher der Klavier-Professor an unserer Musikhochschule, Arkadi Zenzipér, zu ebnen.« Den wiederum kennt der sächsische Bundestagsabgeordnete Arnold Vaatz sehr gut, dessen Ahnen deutsche Einwanderer unter Katharina der Großen in der Ukraine waren. Frey: »Die Putin-Einladung mit ihrem immensen protokollarischen Aufwand war das Aufregendste, was ich bisher erlebte. Und sie bestätigte mir einmal mehr, dass die wirklich Großen dieser Welt nur durch persönliche Kontakte zu erreichen sind.« Man kann wie ein Weltmeister Briefe schreiben, E-Mails versenden, sich die Finger wund telefonieren, Geschenkpakete mit Meissener Porzellan packen. Beim Beschreiten des offiziellen Weges müssen viele Assistenten, Berater, Sekretäre und Bedenkenträger überwunden werden, die so eine Weltpersönlichkeit abschirmen. Vermutlich kommt man nie ans Ziel.

Der kluge Schachzug schien zu funktionieren, und schon im Mai saß Frey im Flieger nach St. Petersburg. Dort hat der weltberühmte lettische Cellist Roldugin, von dem man weiß, dass er Patenonkel mindestens einer Tochter Putins ist, in einem alten Zarenpalast sein Haus der Musik: »Im Gepäck führte ich Einladungen vom SemperOpernball und von Sachsens Ministerpräsident an den Ministerpräsidenten der Russischen Föderation mit mir. Als ich diese Sergej Roldugin zur persönlichen Weiterleitung übergab, sagte dieser: ›Es war schon immer mein Traum, mit der Sächsischen Staatskapelle zu spielen.‹ Ein toller Wink! Bekommt Roldugin einen Platz in unserem Programm, wird er alles Nötige unternehmen. Wir haben sofort ein Solostück für Violoncello eingeplant. Begleitet von der Staatskapelle und von Ersten Solisten des Balletts der Semperoper. Dann hörten wir lange nichts mehr.«

Links: Mit Wladimir Putin (l.) verfolgt Hans-Joachim Frey die atemberaubende Show zum vierten SemperOpernball.

Warten auf den Auftritt: Botschafter Wladimir Kotenjow, Wladimir Putin, 2009 Ministerpräsident der Russischen Föderation, und Ball-Chef Frey (v. l.)

Frey nutzte die Zeit, um etwas über die Russland-Verbindungen zu Sachsen in Erfahrung zu bringen, und stieß auf mehr als 300-jährige Beziehungen: Zar Peter I. weilte zwischen 1698 und 1712 gleich vier Mal in Dresden, wohnte während der Zeit im Residenzschloss, im Gasthaus »Goldener Ring« am Altmarkt und im Haus von Hofjuwelier Johann Melchior Dinglinger. Zum Ende des 18. und im 19. Jahrhundert wurde es bei vermögenden Russen – viele gehörten dem Adel an – Mode, sich für kurze oder längere Zeit im milden Dresdner Elbtal anzusiedeln. Manche besuchten Hochschulen, andere planten in der von den Musen besonders geküssten Stadt ihren Lebensabend. Im Stadtteil Kleinzschachwitz erinnert bis heute ein wunderliches Häuschen an den Fürsten Nikolai Abramowitsch Putjatin, der hier 1797 eine zweite Heimat fand. Der weltberühmte Juwelier Peter Carl Fabergé kam mit seinen Eltern her. Dichter Fjodor Dostojewski verfasste in Dresden große Teile seines Werkes »Die Dämonen«, Dirigent und Komponist Sergej Rachmaninow fühlte sich an der Elbe wohl. Der Universalgelehrte Basilius Baron von Engelhardt, ein Urgroßneffe des legendären Fürsten Gregor Alexandrowitsch Potemkin, baute hinter dem Hauptbahnhof sogar eine der größten Sternwarten Deutschlands. Es gab eine richtige kleine russische Kolonie, weshalb man 1872 bis 1874 eine eigene Kirche

Russlands erster Mann Wladimir Putin und sein Ehrengeleit: Ministerpräsident Stanislaw Tillich mit Ehefrau Veronika (vorn), Botschafter Wladimir Kotenjow, Semperoper-Intendant Gerd Uecker, Hans-Joachim Frey, der Direktor der deutschsprachigen Abteilung des russischen Außenministeriums Oleg Siborow (zweite Reihe v. l.)

mit Zwiebelkuppeln baute. Und obwohl dem Königreich Sachsen mit dem Eintritt in den Norddeutschen Bund 1866 quasi die außenpolitische Betätigung entzogen war, beharrte Russland darauf, seinen Gesandten in Dresden zu belassen – bis 1918 ein diplomatisches Kuriosum. Und gleichsam ein Zeichen: Russland betrachtete Sachsen als selbstständigen Staat und nicht als Satelliten von Preußen-Deutschland ...

Seit 1961 gibt es die Städtepartnerschaft Dresden – St. Petersburg. Und auch Russlands erster Mann, der im August 1985 als 33-jähriger KGB-Hauptmann in die Dresdner Außenstelle des Geheimdienstes versetzt wurde, war von der Stadt begeistert, liebte die Umgebung wie die Sächsische Schweiz oder Radeberg mit der Exportbier-Brauerei, wo er die 3-Liter-Mass bevorzugte. Er bewohnte in der Radeberger Straße 101 im dritten Stock eine Zweieinhalb-Zimmer-Wohnung. 1986 wurde seine zweite Tochter, Jekaterina, in Dresden geboren. Vom Zimmer der Dienst-Villa Angelikastraße 4 sah er sie beim Spielen in der benachbarten Kinderkrippe. Gern besuchte er die Gaststätte »Am Thor« am »Platz der Einheit«, der heute wieder nach einem Sachsen-König Albertplatz heißt. Als nach der Stürmung der Stasi-Zentrale Bautzener Straße am 5. Dezember 1989 aufgebrachte Bürger auch zur KGB-Villa zogen, stellte sich ihnen ein Mann in Zivil in den Weg, sagte eindringlich: »Ich bin Soldat bis zum Tod!« Es soll der kleine Oberstleutnant »Wolodja« gewesen sein, der heutige Präsident Putin, welcher als Vize-Chef die KGB-Residentur allein gegen die Menge verteidigte. Was genau er viereinhalb Jahre lang in der DDR trieb – keiner weiß es.

Frey: »Acht Wochen vor dem Ball lachte mich noch der damalige Botschafter Russlands in Deutschland aus: ›Unser Ministerpräsident kommt nie nach Dresden!‹ Vier Wochen später sagte Putin zu …« Roldugin soll ihn mit einem einzigen Satz überzeugt haben: »Es gibt da jetzt in Dresden diesen sensationellen Ball, und ich spiele Cello!« Zumindest liefen seit der offiziellen Zusage nicht nur die Protokoll-Abteilungen von Bundesrepublik und Freistaat Sachsen, sondern auch Sicherheitsdienste und Polizei zu Hochform auf. Zwei Tage vor dem 16. Januar war Dresden schon voll junger Russisch sprechender Männer – die für Putin eingesetzten Personenschützer. In der Oper und dem Grandhotel Taschenbergpalais Kempinski durchsuchten sie jede Kammer. Solch Aufwand erlebte die Landeshauptstadt nur noch einmal: fünf Monate später beim Besuch des 44. US-Präsidenten Barack Obama. Glücklicherweise ließ man die Idee fallen, alle Ballgäste durch Körper-Scanner zu lotsen …

»Aus Sicherheitsgründen«, erklärt Frey, »durfte Putin aber nicht am großen Einzugs-Defilee teilnehmen. Deshalb schritt ich mit ihm durch eine Seitentür. Obwohl Staatsoberhäupter nie vor geschlossenen Türen warten, akzeptierte das Protokoll die Lösung. Und so stand ich mit dem mächtigen Mann und seinem Botschafter Wladimir Kotenjow zwölf Minuten allein im engen Gang. Um die Zeit zu überbrücken, zeigte ich auf den Monitor, erklärte, dass wir auf diesem alles verfolgen, was auf der Bühne passiert. Da unterbrach mich Putin freundlich mit den Worten: ›Ich bin bestens informiert.‹ Dann lächelte er, meinte: ›Ich mache in den nächsten 90 Minuten alles, was Sie mir sagen.‹ Da holte ich zu seiner Verblüffung mein Mobile aus der Tasche, scherzte: ›Ich muss jetzt alle Freunde anrufen und ihnen sagen, dass Wladimir Putin alles machen will, was ich ihm sage …‹ Damit brach das Eis, fiel alles Protokollarische von ihm ab, entstand ein Kontakt jenseits der Steifheit.«

Dem neuen Ministerpräsidenten Stanislaw Tillich fiel die Aufgabe zu, Putin mit einer Rede zu ehren und ihm den »Sächsischen Dankorden des Semper Opernball e. V.« für seine Verdienste um den sächsisch-russischen Kulturaustausch zu verleihen. Es war Tag elf der Gas-Blockade, bei der Russland wegen ausstehender ukrainischer Milliarden-Zahlungen die durch das Land verlaufenden Lieferungen nach Westeuropa gestoppt hatte. Und es war der letzte »Sächsische Dankorden« – im nächsten Jahr wurde das Goldstück in »Dresdner St. Georgs Orden des SemperOpernballs« umbenannt. Das brisante Gas-Thema, welches kein Politiker in den Mund nahm, griff Moderator Gunther Emmerlich auf: »Ich wich bewusst vom Text ab, sagte nach der Begrüßung: ›Ich finde es heute noch sehr weitsichtig, dass sich die Erbauer der Semperoper für elektrisches Licht und nicht für Gaslaternen entschieden haben …‹«

Für Frey wurde die Nacht noch eine ganz besondere: »Bevor Putin den Ball verließ, blieb er vor Sergej Roldugins Stuhl in der ersten Reihe für einen sehr kumpelhaften Dialog stehen. Mir schien, dass sich beide zum Bier verabredeten. Deshalb flüsterte ich Sergej, wir duzten uns inzwischen, zu: ›Es wäre mir eine Freude, dabei sein zu dürfen.‹ Er verließ dann 1.30 Uhr den Ball, und 20 Minuten später klingelte das Telefon: ›Komm rüber!‹ Ich war plötzlich Teil der Runde von Putin, seinem Botschafter, Pressesprecher, außenpolitischem Berater und Roldugin in der Kronprinzensuite vom Kempinski. Da ich nichts verstand, begann Putin für mich zu übersetzen und fragte: ›Was haben Sie mit dem Ball vor?‹ Ich erklärte ihm meine Vision, internationaler zu werden, ins Ausland gehen zu wollen. Er sagte, dass es der tollste Ball seines Lebens gewesen wäre und er mich nach Russland einladen würde …«

Star-Cellist Sergej Roldugin musiziert mit der Sächsischen Staatskapelle, und Erste Solisten des Semperoper Balletts tanzen.

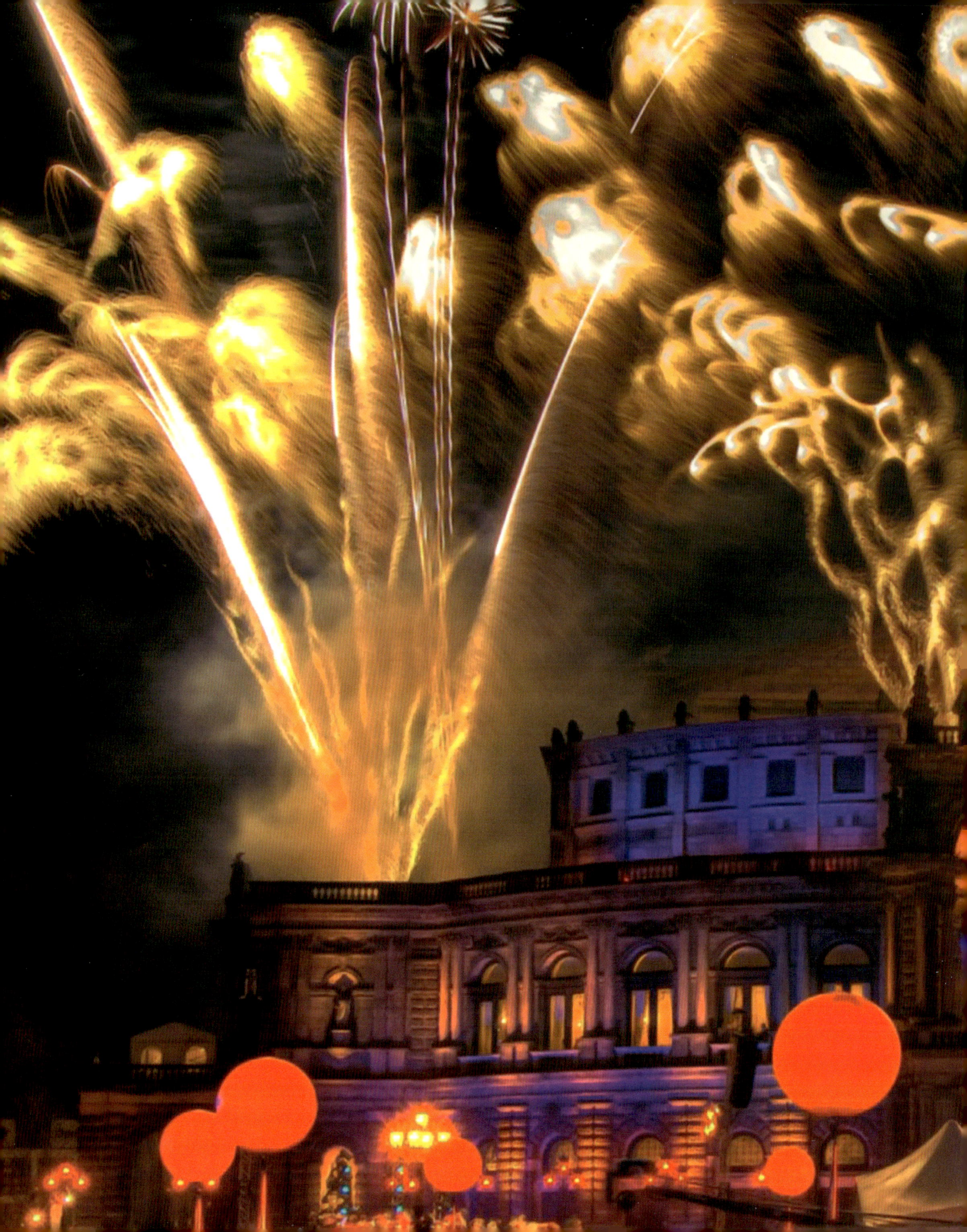

Wenn Feuersäulen und bengalische Wirbel Europas schönstes Opernhaus illuminieren, findet der legendäre Dresdner SemperOpernball statt.

»So veränderte der Ball mein Leben« – Impresario Hans-Joachim Frey

Hans-Joachim Frey – der deutsche Regisseur und Kulturmanager voller Visionen

Am 132. Tag nach dem Ball 2009, Freitag vor Pfingsten, kam der Anruf: »Montag, 13 Uhr, empfängt Sie der Vorsitzende der Regierung der Russischen Föderation!« Frey: »Das Visum brachte ein Konsulats-Mitarbeiter. Flug, Airport-Transfer, Hotel – alles organisiert.« Dann stand er in der rund 150 Quadratmeter großen Machtzentrale, im Dienstzimmer jenes Mannes, der die Geschicke des 143,6-Millionen-Volkes lenkt, im Weißen Haus von Moskau: »Ich blickte über eine Sofagruppe nebst Konferenztisch für 28 Kabinetts-Mitglieder auf seinen Arbeitsplatz. Eine Art Mischpult mit unzähligen Knöpfen. Davor Wladimir Putin, der einen Knopf nach dem anderen drückte, kurze Befehle erteilte. Nach einer Minute wollte ich nicht länger wie verloren in der Tür stehen, ging zu ihm, fragte: ›Interessante Anlage, wie funktioniert denn das?‹ Sofort wandte er sich mir zu und erklärte in bestem Deutsch, dass er so direkt mit den wichtigsten Entscheidern im Lande, mit allen roten Telefonen, verbunden sei. 90 Minuten sprachen wir unter vier Augen über deutsche Theater, Leitungsstrukturen, meine Interessen.

getrennt von Ehefrau Kirsten, einer Sopranistin. Nicht einfach nach elf gemeinsamen Jahren und ein Schock für Tochter Konstanze. Doch der mit den Geschwistern Benita und Ekkehard, mit Klavier, Orgel und Knabenchor Hannover aufgewachsene Theologen-Sohn, dessen Mutter Christa abgöttisch Tenor Peter Schreier verehrt, brauchte schon immer seine Freiheit. Er ist der Macher

Morgendliche Zeitungslektüre in St. Petersburg – bald 200 Mal war er schon in Russland.

Am Ende drückte er wieder einen Knopf – ich hatte für künftige gemeinsame Projekte einen Termin beim Kulturminister!«

In jenen Minuten des Jahres 2009 spürte der im niedersächsischen Gehrden Geborene – der Tausendsassa des Klassik-Entertainments –, dass sich seinem Leben ungeahnte Chancen eröffneten. Seit Kurzem lebte er

ohne Konventionen, der Mann, dem es nie an großen Visionen mangelt: »Entweder wollte ich ein zweiter Plácido Domingo oder ein Götz Friedrich werden – nur tendierten die Stimmbänder eher zum Bariton!« Und so studierte der dem Pfarrhaus von Dietrich Frey auf die Hamburger Hochschule für Musik und Theater entflohene Sohn neben Gesang noch Musiktheaterregie,

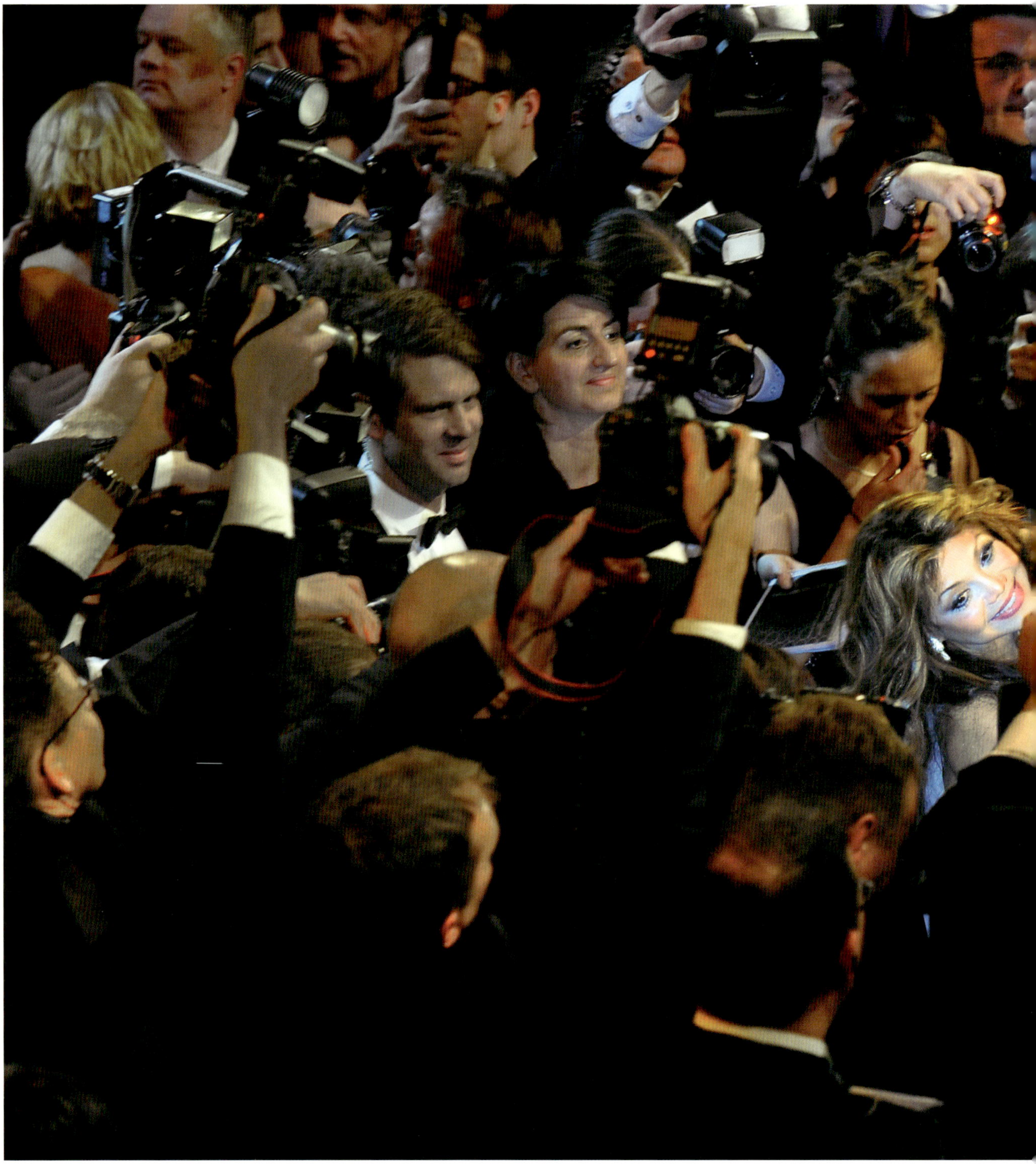

*Fotografen umringen den
Ball-Zauberer und La Toya Jackson,
Schwester von Pop-Legende Michael Jackson,
beim SemperOpernball 2010.*

2011 bei Proben für die Gala »50 Jahre Städtepartnerschaft Dresden – St. Petersburg« im Michailowski-Theater mit Vladimir Jurowski und René Pape

schloss auch Diplome bei Friedrich sowie im Fach Kulturmanagement bei Hermann Rauhe und Peter Ruzicka ab. Sein Talent bei der Sponsoren-Werbung entpuppte sich, da war er gerade mal 24: »150 000 DM trommelte ich für die Hochschul-Produktion der ›Fledermaus‹ zusammen.« Er singt, er inszeniert, arbeitet am Eduard-von-Winterstein-Theater Annaberg-Buchholz, übernimmt 1994 die Künstlerische Betriebsdirektion am Thüringer Landestheater zu Eisenach.

»Die Stimme des Blutes«, lacht Frey, »treibt mich immer weiter ostwärts.« In Berlin, Magdeburg und Leipzig wohnt die Verwandtschaft der Mutter. Vaters Ahnen sind Deutschbalten: »Urgroßvater Eduard Maaß stammte aus Dorpat, heute Tartu in Estland. Von 1913 bis 1918 war er Pfarrer der St.-Annen-Kirche in St. Petersburg und Rektor des deutschen Diakonissenhauses, ernährte fünf Kinder. Die älteste Tochter hieß Editha Mueller-Stahl – die Mutter Armin Mueller-Stahls. Die Drittgeborene war Sigrid Frey – meine Großmutter.«

1995 und 1996 ist Frey Künstlerischer Betriebsdirektor in Bremen. Dann ab 1997 in Dresden, wo er 2003 zum Operndirektor avanciert und den Semper-Opernball erfindet. Unter die Gäste des ersten Balls 2006 mischte sich auch Jörg Kastendick, der Senator für Wirtschaft und Häfen sowie für Kultur der Freien

Hansestadt Bremen. Er hat in der Endrunde noch drei Kandidaten für den Posten des Generalintendanten seines Theaters, will die Entscheidung persönlich treffen. Nach dem glanzvollen Ball gibt es nur einen: Impresario Hans-Joachim Frey. In Bremen kann er nebenbei seiner Leidenschaft, dem Inszenieren, frönen, entwickelt das Seebühnen-Konzept für 2 500 Zuschauer, begeistert mit den Open-Air-Opern »Der Fliegende Holländer«, »Aida«, »Turandot«. Als zum 5,8 Mio. Euro teuren Musical »Marie Antoinette« von Michael Kunze und Sylvester Levay ins Musicaltheater Bremen statt geplanter 120 000 nur 90 000 Zuschauer kommen, stellt er seinen Generalintendanten-Posten zur Verfügung. Und macht seine eigene Event-Firma »LaValse GmbH Berlin« auf. 2011 ist er in Asien angekommen, wird Gastprofessor am Seoul Arts College in Korea.

Parallel dazu nimmt seine Karriere als kultureller Brückenbauer Gestalt an. Sein Betreuer und Freund, der ihn durch das unendlich weite russische Land begleitet und mit der Mentalität der russischen Seele vertraut macht, ist Oleg Siborow. Der Chefdolmetscher verschiedener russischer Präsidenten leitet als Direktor die deutschsprachige Abteilung im Moskauer Außenministerium. Frey lernt Oligarchen wie Wladimir Kechman und Spitzenpolitiker wie die Gouverneurin von St. Petersburg und heutige Föderationsrats-Präsidentin Walentina Matwijenko kennen, büffelt Russisch und kann viele Projekte verwirklichen: An der Moskauer Kammeroper »Boris Pokrowski« inszeniert er, erstmals vollständig in Russland, die Oper »Zar und Zimmermann«. In Ulan-Ude und Irkutsk gelingt ihm, was keinem ausländischen Opern-Regisseur vor ihm jenseits des Urals vergönnt war: Richard Wagners »Fliegenden Holländer« in Originalsprache zur Aufführung zu bringen! Das will man auch in Minsk. »Cosi fan tutte« am Baikalsee, »Dr. Schiwago« nach dem Buch von Boris Pasternak in Wladiwostok, »Ariadne auf Naxos« in Moskau – Freys deutsch-russische Zusammenarbeit lebt. Natürlich werden ihm auch Bälle und Gala-Veranstaltungen anvertraut. Zu jener anlässlich des

Seit 2013 ist Frey Künstlerischer Gesamtleiter und Vorstandsdirektor der LIVA in Linz.

50. Jahrestages der Städtepartnerschaft St. Petersburg – Dresden im Michailowski-Theater – Frey engagierte neben dem Chefdirigenten des London Philharmonic Orchestra, Vladimir Jurowski, Star-Bass René Pape aus Dresden, den US-Tenor Neil Shicoff und Sopranistin Iréne Theorin aus Schweden – kam sogar Putin.

Linz in Österreich berief den 1. Vorsitzenden und Künstlerischen Gesamtleiter des SemperOpernballs 2013 zum Künstlerischen Leiter und Vorstandsdirektor der LIVA (Linzer Veranstaltungsgesellschaft mbH). Seitdem ist er unter anderem verantwortlich für das Brucknerhaus, das Internationale Brucknerfest und die Klangwolken. 2014 wurde ihm der Posten eines Beraters des Generalintendanten beim weltberühmten Moskauer Bolschoi-Theater angetragen. Was folgt als Nächstes? Wie ist das nur alles unter einen Hut zu bekommen? Frey schmunzelt spitzbübisch: »Institutionen und Projekte zu entwickeln, zum Erfolg zu führen, bisher Getrenntes zu vereinen – das sind für mich Passion und Lebenselixier. Mir und meiner Lebenspartnerin genügen jährlich zwei Wochen Urlaub auf Mallorca und eine Woche Abu Dhabi. Auch die tägliche Freude auf außergewöhnliche Aufgaben an wechselnden Punkten des Globus kann etwas sehr Entspannendes haben.«

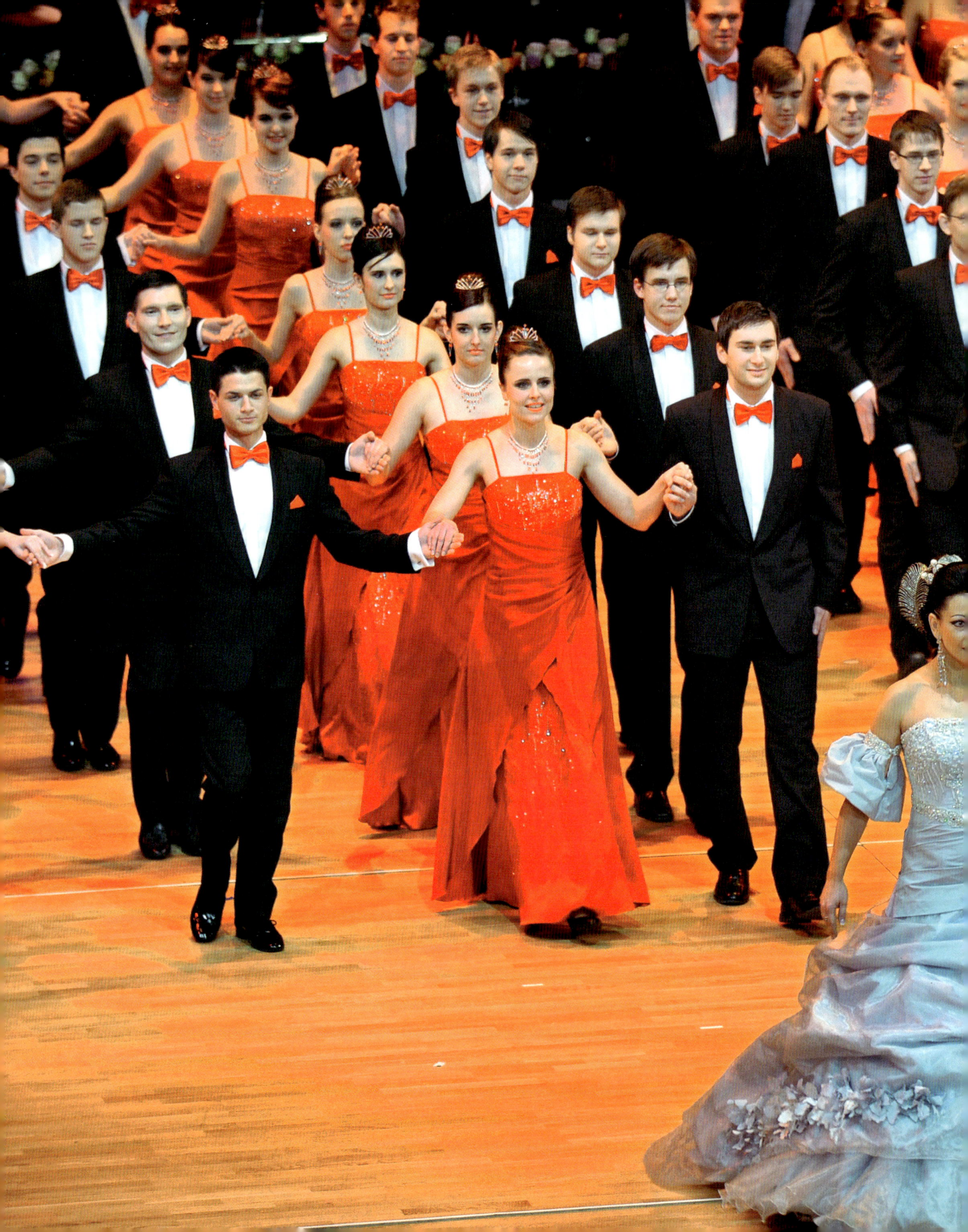

*Die zweifachen Standardtanz-Weltmeister Sabine und Tassilo Lax
mit ihren 90 Debütanten-Paaren des Jahres 2010*

Tanzschule, Anprobe, Eröffnungswalzer – endlich Debütant!

Seine Wurzeln hat der Debütantinnen-Brauch im Vereinigten Königreich: 18-jährige Töchter der Aristokratie stellte man am Eröffnungstag der alljährlichen Ballsaison bei Hofe an der Themse der Königin bzw. dem König vor. Ab diesem Moment galten die jungen Damen als heiratsfähig, was auch das von den Tanzpartnern überreichte Blumenbouquet symbolisierte. Erst 1958 schaffte Königin Elisabeth II. diese Tradition auf ihrer Insel als unzeitgemäß ab. Doch da hatte das Debütanten-Virus längst die Demokratien erreicht. Als seltenes Exempel des guten Stils mit dem Hauch imperialer Humanität wird es seit 1898 im texanischen Laredo beim »Kolonialball«, seit 1925 beim »Crysanthemenball« in München und beim »Opernball« in Dresden kultiviert. 1935 folgten der »Infirmary Ball« im Waldorf-Astoria in New York und der »Wiener

2007 ließ eine goldene Schärpe die reizenden Debütantinnen einheitlich erscheinen.

Mit dem Krönchen ist fast vollständige Perfektion erreicht: Debütanten-Paare des Jahres 2009. (siehe auch Abbildung rechts)

Opernball«. 1956 kamen selbst die Schweizer mit ihrem Züricher »Kaiserball« auf den Geschmack. Was lag 2006 näher, als diese 1939 in Sachsen beerdigte Institution wieder zu erwecken?

Ein Weltmeister-Paar des Standardtanzes stellte sich beherzt der Herausforderung: Sabine und Tassilo Lax. Mit ihrer modernen »Tanzschule Lax« knüpfen sie seit 2001 an die in der Landeshauptstadt wohl über Jahrhunderte zurückzuverfolgende Gilde der Tanzlehrer an. »Als bekannt wurde, dass ein Ball entsteht«, erinnert sich Tassilo Lax, »nahmen wir sofort mit dem Semper Opernball-Verein Kontakt auf. Im Lande gibt es eine gut organisierte Jugendtanzstunden-Kultur, sogar Medaillen-Kurse. Da wäre es schön, wenn junge Paare wieder in die Gesellschaft eingeführt würden, indem sie bei so einem großen Gesellschafts-Ereignis debütieren. Schnell gab es Einigung mit Herrn Frey, der persönlich die Musik auswählte und 70 Paare unserer Schule als Überleitung vom TV-Programm zum Ballgeschehen einplante.« Vieles war noch nicht reglementiert: Bei den roten Kleidern fehlte die Bestimmung des exakten Farbtons. Für die Herren wünschte man einen Smoking – Anzug und Fliege machten es beim ersten Ball jedoch auch. Trotzdem waren die 2 300 Gäste in der Oper und jene 4 000 davor – denen präsentierten sich die Ball-Eleven selbstverständlich auch – restlos begeistert. Seitdem ist der Debütanten-Tanz beim SemperOpernball ein unverzichtbarer Programmhöhepunkt.

Sabine Lax strahlend: »Wir wurden immer besser, öffneten uns für Tänzerinnen und Tänzer anderer Schulen. Seit dem zweiten Ball wählt ein Komitee die besten Paare im Alter zwischen 16 und 29 Jahren unter den Bewerbern aus, ab dem fünften waren endlich auch die Smokings der Herren aus einem Guss.« Die Messlatte liegt von Jahr zu Jahr höher. Für die Vorauswahl sind heute Bewerbungen per DVD oder Video-Link üblich. Mittlerweile ist sogar der mit allen TV-Übertragungsrechten ausgestattete MDR Casting-Partner, sitzen dessen Redakteure seit 2013 neben Ball-Chef Hans-Joachim Frey und den Tanzprofis in der strengen Jury. Die Interessenten kommen aus ganz Deutschland, Österreich und Tschechien. »Bei der enormen Bekanntheit des Balls«, meint Sabine Lax, »würde ich

Die Debütantinnen 2009

mich nicht wundern, wenn bald sogar Debütanten aus Afrika, Russland oder China zu uns finden.«

Alle jungen Leute sind hoch motiviert, viele beherrschen Pendelschritt, Rechts- und Linksdrehung, die Standardtänze – doch bevor sich für acht bis zehn Minuten Millionen Augenpaare auf sie richten, alle zu beschwingten Wiener-Walzer-Klängen mit Leichtigkeit und Eleganz synchron über das Parkett wirbeln, haben die Götter den Schweiß gesetzt. »Wir denken uns jedes Jahr eine neue, anspruchsvolle Choreografie aus«, so Tassilo Lax. »Darunter für Laien nicht einfache Tempowechsel, grandiose Bilder. Sogar die Windmühlenflügel des Moulin Rouge in Paris oder ein riesiges Herz aus 80 Paaren – deren Zahl wurde von Jahr zu Jahr größer – haben wir schon getanzt. Dafür sind Trainingseinheiten und Proben bei uns vor Ort in Dresden sowie die Generalprobe in der Semperoper nötig. Wer teilnehmen will, muss sich die ganze Ballwoche Urlaub nehmen.«

Zur Rundumbetreuung gehört sogar ein Debütanten-Arzt: Dr. med. Ulrich Gerk. »Manchmal«, verrät Sabine Lax, »trinken oder essen die jungen Leute vor Aufregung zu wenig. Da kann der Kreislauf schlapp machen. Deshalb haben wir vorgesorgt.«

Die fünf Tage schweißen zusammen, und manchmal gibt es ein ganz besonderes Happy End: »Beim dritten Ball«, lacht Sabine Lax, »erbat sich ein Debütant von Paul Kuhn das Mikrofon und stellte seiner Tanzpartnerin vor versammeltem Publikum den Heiratsantrag. Das Paar lebt heute in München, hat zwei Kinder. Wir durften Trauzeugen sein. Mitunter fallen auch junge Menschen auf, bei denen ich denke, die gehörten zusammen. Bewerben sie sich einzeln, kann ich kombinieren, dem Glück nachhelfen. Ich beobachte dann gern so ein süßes Pärchen, spüre, wie es zwischen beiden prickelt. Schüchtern gekommen, verlassen sie nach den Wonnen des Balls oft Händchen haltend die Oper …«

Ein Meisterwerk der Choreografie: das getanzte Herz im Jahre 2011

Es gibt keinen vergleichbaren Ball in Deutschland, womöglich nicht einmal in Europa oder weltweit. Denn viele meinen, mit den reizenden Debütanten sei der Wiener Opernball überholt. Dort sieht man seit Jahrzehnten die ewig steife, fast langweilige schwarz-weiße Eröffnungskompagnie. »Unsere Dresdner hingegen«, so Designer Uwe Herrmann stolz, »strahlen Frische, Jugendlichkeit, Herzlichkeit und Raffinesse aus. Das liegt auch an meinen Kleidern.« Der erfolgreiche Modemacher – der wichtigste Braut- und Festmodeausstatter mit eigener Kollektion in Sachsen, dessen Haus zu den größten Europas zählt – muss es wissen. Seine Kollektionen finden sich in TV-Shows, tauchen bei Promi-Hochzeiten und seit Jahren immer häufiger bei der »Mutter aller Tanzfeste« an der Donau auf.

Sein Debüt im Ball-Geschäft gab er 2008: »Zwar trugen schon 2006 viele junge Damen meine Abendkleider. Denn die Mitbewerber waren nicht auf so eine Nachfrage bei roten Stoffen eingestellt. Im folgenden Jahr wurde ich dann Exklusiv-Partner beim Schmuck, kamen Diadem, Ohrringe und Y-Kette mit Strass-Steinchen von uns. Bis dahin hatte Hans-Joachim Frey keine Notiz von mir genommen. Eines Tages trafen wir aufeinander, ich stellte mich vor, sagte: ›Ich bin der mit den Ketten‹. Da klopfte er mir dankend auf die Schulter. Im Überschwang des Glücks rief ich ihm nach: ›Und nächstes Jahr machen wir einheitliche Kleider, damit Ihre Debütanten nicht mehr aussehen wie ein Zigeunerschwarm.‹«

Monate vergingen, dann rief das Ballbüro an: »Wie stellen Sie sich das mit den einheitlichen Kleidern vor? Wir planen maximal 150 Euro pro Stück!« Herrmann: »Die Maße wollte man erst im Dezember liefern, doch die Kleider mussten Mitte Januar fertig sein. Änderungskosten, Reinigung – alles sollte inklusive sein. Blieben 50 Euro Herstellungspreis! Ich setzte mich

Kostbare Silber-Kleider gehörten zur Modell-Linie von 2014.

in den nächsten Flieger nach Hongkong. Aus der laufenden Kollektion eines befreundeten Betriebes suchte ich das schönste Kleid in Rallye Red aus. Ein Traum aus Satin, wie ein geraffter Vorhang. In dem sehen kräftig gebaute Mädels dünner und sehr schlanke fraulicher aus – damit es im Fernsehen ein einheitliches Bild gibt. Ich zauberte ein paar Steine dran. Dann habe ich den Querschnitt aller Konfektionsgrößen genommen, statt 70 an Ort und Stelle 150 Kleider nähen lassen – damit sie bei der Anprobe möglichst gleich sitzen. Die vier großen Kartons erlebten eine Odyssee, wurden vom Zoll in England festgesetzt. Ich hatte keine Ahnung, dass zwischen Hongkong und Großbritannien Sonderbestimmungen existieren. Eine chinesische Spedition aus Frankfurt, die in Düsseldorf ihren Sitz hat, befreite meine Kleider aus dem Londoner Zolllager – und ich zahlte gewaltig drauf.« Es sollte nicht sein einziges Opernball-Harakiri bleiben.

2009 folgte das Rallye Red-Trägerkleid aus plissiertem Satin mit Perlenapplikation, 2010 sollte es ein trägerloses sein. Herrmann: »Zwar der gleiche Stoff, aber verkehrt herum genäht in Wickeloptik. Beim Tanz schaut die Glanzseite durch, und es sieht aus wie zwei verschiedene Stoffe in einer Farbe. Zur Generalprobe wollte ich mir gerade bei Ball-Chef Frey ein dickes Lob abholen, da begannen die ersten von 90 Kleidern zu rutschen – TV-›Busenblitzer‹ dutzendweise waren zu befürchten! Zwei Stunden vor dem Ball haben drei meiner besten Näherinnen in der Opern-Damentoilette blitzschnell mit Nadel und Faden Träger befestigt, die wir in Ermangelung einer Alternative einfach aus der Schnürung schnitten.«

Es folgte 2011 Kirschblütenrot-Pink mit Herz-Ausschnitt – dem Logo des Evangelischen Kirchentags vom gleichen Jahr in Dresden nachempfunden und passend zur Herz-Choreografie der Familie Lax, die bei den Kleidern ein Wörtchen mitredet. Danach die sensationelle Rallye Red-Kreation aus mehrlagigem, schräg geschnittenem Taft mit Plauener Spitze – der patentrechtlich geschützten ursächsischen Plattstich-Stickerei-Erfindung. »Für 2013«, erinnert sich Herrmann, »wünschte der Ball-Chef ein blütenweißes Kleid, preiswert und natürlich viel schöner als die in Wien. Dort tanzen ja die verschiedensten Modelle nebeneinander. Normaler Leute Kind trägt eins von der Stange, die Millionärstochter das neueste Designer-Stück aus Paris. So kamen wir auf ein weißes Brautkleid mit viel Organza, Röschen-Tüll und großer Blüten-Applikation unter der rechten Brust.« 2014 das ganz aufwendige silberne Kleid mit acht Lagen Stoff, Petticoat und Reifrock drunter – immerhin »sechsfacher Nähaufwand«. Die Krönung aller Kleider erwartet uns 2015 – das »Goldene« zum 10-jährigen Ball-Jubiläum!

Mit diesem ist dann wieder ein unvergesslicher Ball garantiert: Erklingen die ersten Takte des Debütanten-Walzers, werden anstrengende Monate des Trainings und Lampenfiebers – schließlich müssen alle lange in ihren Heimattanzschulen üben – endlich von Momenten himmlischer Emotionen abgelöst. Frisch frisierte junge Frauen mit strahlenden Gesichtern und verlegen lächelnde Jungherren beginnen sich schwungvoll im Kreise zu drehen, erleben ihren Traum.

Für den Jubiläumsball 2015 schuf Star-Designer Uwe Herrmann goldfarbene Kleider.

14

SÄCHSISCHE ZEITUNG

Diese Frau studiert gegen Mitternacht die Ballzeitung, macht sich mit den Kleidern der »Konkurrentinnen« vertraut.

Wenn Weltstars, Milliardäre und Wirtschaftsbosse nach Dresden jetten

Haben Coiffeure, Frackverleiher und Maßschneider Hochbetrieb, ist der Mietkellner-Markt zwischen Berlin und Osterzgebirge leer gefegt, sind die Parkplätze für Privatjets auf dem Flughafen Dresden knapp – dann muss SemperOpernball sein! Prominente, Konzernbosse, Millionäre und sogar Milliardäre pilgern zum größten gesellschaftlichen Kulturevent Deutschlands. Sehen und gesehen werden, Kontakte pflegen, Hochkaräter aus Politik und Wirtschaft sowie Stars und Sternchen aus Kultur und Showbusiness treffen, mit ihnen lästern oder eben einfach die rauschende Ballnacht genießen – die prachtvolle Inszenierung im legendären Wunderharfen-Palast, dem Olymp der Musik, scheint für die High Society wie geschaffen. So bekannte 2010 auch Stanislaw Tillich, der Ministerpräsident des Freistaates Sachsen: »Eine der schönsten Amtshandlungen des Jahres ist für mich die Eröffnung des SemperOpernballs …«

Auch Sachsens Landtagspräsident Matthias Rößler und Ehefrau Veronika sind Stammgäste, lassen kaum einen Tanz aus.

VIVA-Moderatorin Collien Fernandes, heute Ulmen-Fernandes, und Ex-Eiskunstläufer Rico Rex halten sich 2007 verliebt die Hände. Zwei Jahre später gingen sie getrennte Wege. Der SemperOpernball ist heute einer der wichtigsten Treffpunkte der Schönen und Reichen Deutschlands.

Mittlerweile liest sich die Gästeliste wie das Who's who: Schwedens Königin Silvia, EU-Kommissions-Präsident José Manuel Barroso, Luxemburgs Präsident Jean-Claude Juncker, Russlands Präsident Wladimir Putin, Bundespräsident Christian Wulff und der ehemalige Bundespräsident Roman Herzog, Sir Roger Moore, der »Geheimagent 007 Ihrer Majestät«, Kult-»Bösewicht« Sir Christopher Lee, die Schauspieler Gérard Depardieu, Uwe Ochsenknecht, Til Schweiger und Jan Sosniok, die Sänger Udo Jürgens und Sir Bob Geldof, die Schauspielerinnen Catherine Deneuve, Ornella Muti, Veronika Ferres, Eva Habermann, Christiane Hörbiger, Anouschka Renzi, Loretta Stern, Sängerin Helene Fischer, die Mitglieder uralter deutscher Adelsfamilien aus fürstlichen, gräflichen und freiherrlichen Häusern, Fußballkaiser Franz Beckenbauer, Boxlegende Henry Maske, die Schwimm-Olympiasiegerinnen Kristin Otto und Britta Steffen, Schwimm-Weltmeisterin Franziska van Almsick, die Hollywoodstars Bo Derek und Armin Mueller-Stahl, Weltstar La Toya Jackson, Bertelsmann-Aufsichtsratsvorsitzende Liz Mohn mit Tochter Brigitte Mohn von Deutschlands größtem Medienkonzern, der Vorstandsvorsitzende der Deutsche Bahn AG, Rüdiger Grube, die einstigen und jetzigen Bosse bzw. Vorstände von Daimler, Porsche, Audi, VW, Lufthansa, Vodafone … Hat sich nicht auch gerade Friede Springer von einem der größten digitalen Verlagshäuser Europas angesagt? Die Witwe Axel Springers und große Wohltäterin zählt mit geschätzten 2,5 Milliarden Dollar Privatvermögen zu den 30 reichsten Deutschen.

Diese Summe mag in den Augen Seiner Exzellenz Khaldoon Al Mubarak, der 2012 erstmals den Ball mit seiner Anwesenheit beehrte, womöglich wie ein Taschengeld erscheinen. Die rechte Hand des Kron-

Bertelsmann-Aufsichtsratsvorsitzende Liz Mohn
mit Tochter Dr. Brigitte Mohn

Porsche-Chef Wendelin Wiedeking besuchte sieben Bälle hintereinander.
Hier 2009 im Gespräch mit Thüringens Ministerpräsident Dieter Althaus.

Im Januar 2011 feierte Bundespräsident Christian Wulff ausgelassen
mit seiner Bettina.

Sachsens Ministerpräsident Stanislaw Tillich mit Seiner Exzellenz
Khaldoon Khalifa Al Mubarak, dem Milliardär aus Abu Dhabi

Familientreffen auf dem Ballparkett: Ministerpräsident a. D. Lothar
de Maizière und Bundeskanzleramts-Chef Thomas de Maizière

Armin Mueller-Stahl trifft sich hinter den Logen mit Bundespräsident
Christian Wulff und Ehefrau Bettina auf eine Plauderminute.

Viele freuen sich auf die Walzer bis zum Morgen in der prachtvollen Semperoper.

prinzen von Abu Dhabi jongliert mit dem Zehn- bis Hundertfachen. Er leitet unter anderem die staatliche Investmentgesellschaft Mubadala, sitzt im Vorstand der First Gulf Bank, soll Anteile an Firmen wie Ferrari halten, managt die Formel-1-Rennstrecke in der föderalen Erbmonarchie genauso wie Kernkraftwerke, ist Vorsitzender des Fußballclubs Manchester City. Im Jahr zuvor erlebte man den russischen Oligarchen Wladimir Kechman, den man im Kreml nur den »Bananen-König« nennt. Der Mann, welcher 90 Prozent des russischen Südfrüchte-Imports kontrolliert, leistet sich als Hobby mit dem Michailowski-Theater in St. Peterburg sogar ein eigenes Opernhaus.

Durch Armin Mueller-Stahl weiß Hans-Joachim Frey, »dass weltberühmte Leute Vorbildfunktion haben. Es sind keine übernatürlichen Geschöpfe. Mitunter ist ihre Macht nur geliehen, ihre Magie wie alles Irdische endlich. Wenn ich ihnen begegne, dann nie mit Unterwürfigkeit, sondern auf Augenhöhe. Es sind Menschen wie du und ich, häufig sehr jovial und herzlich. Die ganz Reichen kennt man in der Öffentlichkeit oft gar nicht. Sie scheuen TV-Kameras, geben keine Interviews, bleiben unter sich in den Logen.« Allerdings pflegen manche der Stars Marotten. Ein Rocker, der als großer Kämpfer gegen den Hunger in der sogenannten Dritten Welt gilt, bestellte sich nach

EU-Kommissionspräsident José Manuel Barroso wartet 2014
mit seinem Pagen auf den goldenen »Dresdner St. Georgs Orden des SemperOpernballs«

dem Ball in seine Suite im Taschenbergpalais Kempinski auf Rechnung des Vereins gleich drei Flaschen des teuersten Weins – jede über 1 000 Euro! Ausgetrunkene Flaschen wurden nicht gefunden – er muss sie als Dresden-Souvenir im Koffer verstaut haben. Auch mit einem Schauspieler machte man spezielle Erfahrungen. Er reiste im Privatjet an, besaß jedoch angeblich keinen Smoking und forderte einen nagelneuen für seine Übergröße als Leihgabe. Das teure Stück verschwand nach dem Abend auf Nimmerwiedersehen.

Es gehört zur Ball-Diplomatie, solche Details normalerweise nicht an die Öffentlichkeit dringen zu lassen.

Und meist bleibt es auch ein Geheimnis, auf welchen verschlungenen Wegen Prominente in die Semperoper finden. Der Reporter einer großen Zeitung entlockte Impresario Frey 2011, wie er sich den damals noch amtierenden Bundespräsidenten Wulff angelte: »Es war Ende Herbst, an einem Mittwochmorgen. Ich saß im ICE von Berlin nach Hannover. Mir schräg gegenüber eine schöne Frau. Ihre Lippen, ihr Lächeln – die ganze Fahrt rätselte ich: Ist das Bettina Wulff? Als sie in Hannover nach Großburgwedel, wo sie arbeitete und wohnte, umstieg, war's klar!« Seitdem ließ ihn die Idee nicht mehr los, sie zum Ball zu holen. Bei

Beim Ball sind zauberhafte Designer-Kreationen zu bewundern.

Das Rundfoyer der Semperoper wird zum exklusiven Restaurant.

Bands sorgen in allen Sälen und Salons für Hochstimmung.

Meissen Couture und Schmuck aus der gleichen Luxusmanufaktur

Catherine Deneuve machte 2014 einen etwas genervten Eindruck – sie hatte vor der Show nichts gespeist, war einfach hungrig!

Bundespräsident Horst Köhler, der nicht gern tanzt, hatte er sich fünf Jahre lang die Zähne ausgebissen. Bei Bettina Wulff zahlte sich die Hartnäckigkeit aus. Eines Tages bekam Frey ihre Handy-Nummer: »Als ich sie an einem Freitagnachmittag, 17 Uhr, anrief, meldete sich plötzlich Wulff, der Bundespräsident, aus Schloss Bellevue, seinem Amtssitz. Ich stellte mich vor. Er sagte, seiner Frau sei etwas dazwischengekommen, ich könne am nächsten Tag zur gleichen Zeit anrufen. Da würden beide im Dienstwagen von Berlin nach Hannover fahren. Bei diesem Gespräch hatte der Bundespräsident zuerst Bedenken. Würde er zusagen, müsse er auch andere Bälle besuchen. Wir einigten uns auf folgenden Kompromiss: Offiziell eingeladen wird die First Lady, die über Charity spricht. Der Bundespräsident ist ihr begleitender Ehemann …«
Vor dem Weihnachtsfest kam die offizielle Bestätigung. Frey: »Mir wurde allerdings ein Schweigegelübde auferlegt, bis Bundespräsidialamt und Bundeskriminalamt alle Sicherheitsfragen geklärt hatten. Beim Ballabend hatten wir auf einen Schlag Altbundespräsident Roman Herzog und den amtierenden zu Gast. Wie schön wäre es gewesen, hätte Wulff die Laudatio auf den Preisträger Herzog gehalten! Leider verwarf man diese brillante Idee aus politischen Gründen.«

Auch außerhalb Europas findet der Ball immer mehr Beachtung. Länder wie die USA, China, Kanada, Brasilien bis hin zur Mongolei schicken ihre Botschafter.

Der erste Tanz von Ornella Muti gehörte Impresario Hans-Joachim Frey ganz allein.

Zu Familientreffen wurde der Abend schon mehrfach für den letzten DDR-Ministerpräsidenten Lothar de Maizière und Cousin Thomas de Maizière, der bereits diverse Ressorts in der Bundesregierung innehatte. Die Grand Dame der Unterhaltung Katja Ebstein amüsierte sich genauso wie Kollegin Gitte Haenning, die Regisseure Jo Baier oder Dieter Wedel, die Schauspieler Erol Sander, Florian Bartholomäi, Jasmin Schwiers, Ex-Außenminister Hans-Dietrich Genscher, Ex-Nationaltorwart Jens Lehmann, Bayerns Altministerpräsident Edmund Stoiber oder die Moderatoren Sylvie van der Vaart, Dieter Kronzucker, Bettina Cramer und Ana Plasencia. Frey freut sich: »Seit Jahren bleibt uns bei der Masse an Promi-Zusagen nichts übrig, als die medienträchtigen Protokollreihen vor der Show- und Tanzfläche aufzustocken.«

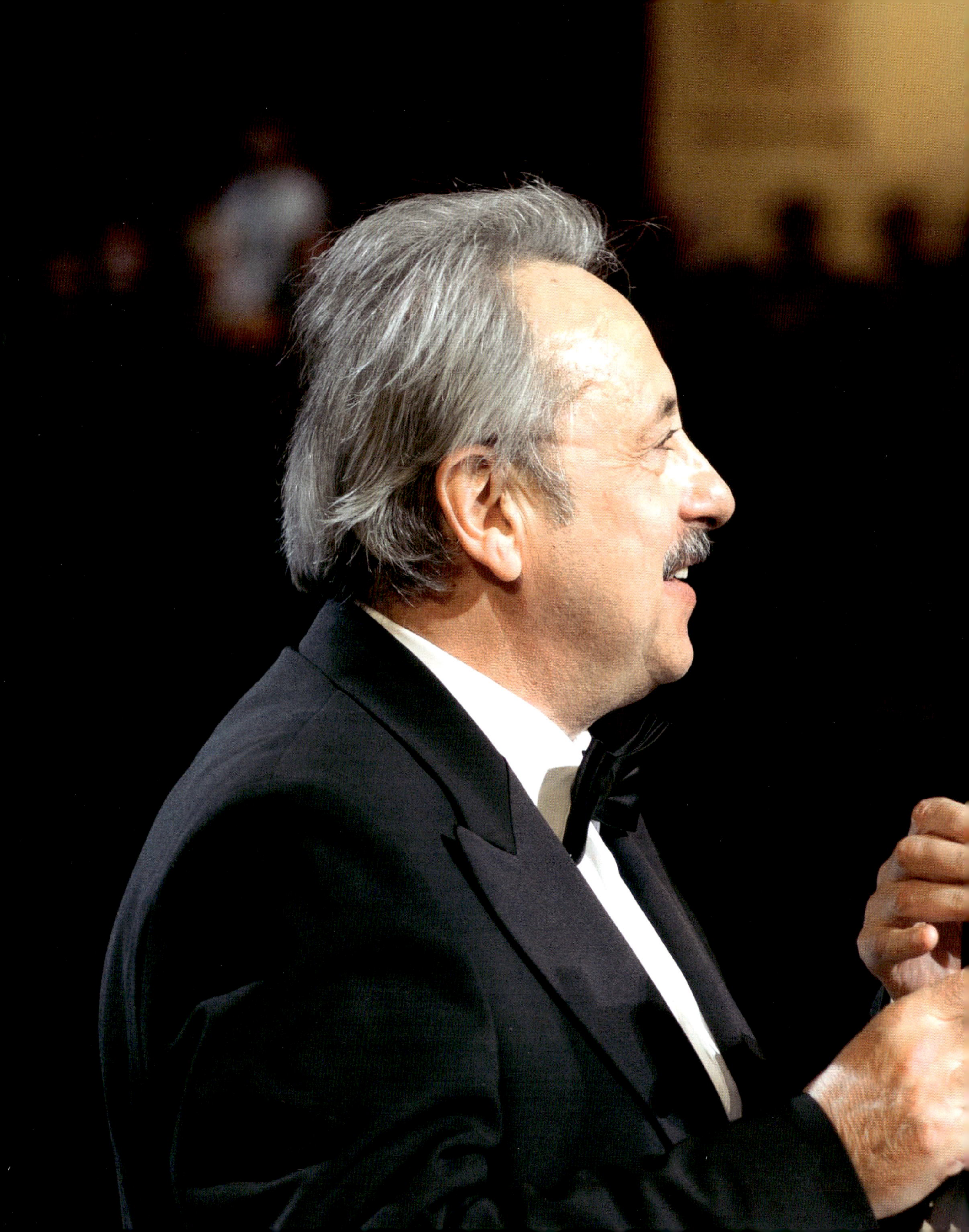

*Wolfgang Stumph überreicht 2011 Sir Bob Geldof den
»Dresdner St. Georgs Orden des SemperOpernballs«.*

Als Wolfgang Stumph blitzschnell den Opernball-Abend rettete

Millionen kennen Wolfgang Stumph als »Kommissar Stubbe« aus der ZDF-Krimi-Reihe »Stubbe – Von Fall zu Fall«, aus 28 Spielfilmen wie »Go Trabi Go« und Fernsehserien. Beim SemperOpernball 2011 bekam der Schauspieler und Kabarettist völlig überraschend eine Rolle als Rettungsengel – die wohl schnellste Besetzung seines Lebens!

»Es war der Ball«, erinnert sich Frey, »den Promis wie Schauspieler Til Schweiger oder Armin Mueller-Stahl in Hülle und Fülle belebten. Mit Jonas Kaufmann boten wir auch den weltbesten Tenor. Neben anderen wurde an diesem Abend der irische Musiker Sir Bob Geldof ausgezeichnet. Ihn erwählte man wegen seines herausragenden sozialen Engagements gegen die weltweite Armutsentwicklung. Dessen Agent hatte uns großspurig versprochen, einen weiteren weltbekannten Prominenten als Laudator selbst mitzubringen. Wir warteten und warteten, stellten am Tage des Balls schockiert fest, dass er uns geleimt hatte.« Am Nachmittag schlug der Agent plötzlich irgendwelche unbekannten Leute vor, die er gern ins Rampenlicht gebracht hätte. Doch diese Gesichter wollten sich weder Ball-Verein noch MDR zumuten. 18.30 Uhr, kurz vor der Live-Sendung, stand man noch immer mit leeren Händen da. Dementsprechend lagen die Nerven blank.

Da erschien Wolfgang Stumph mit Ehefrau Christine verfrüht zum VIP-Empfang im Hotel Kempinski: »Wir wollten noch ganz in Ruhe einen Kaffee trinken, uns auf den schönen Abend einstimmen und begegneten einem etwas angespannten Herrn Frey.«

Denkt der Ball-Chef heute an diesen Moment zurück, kann er lachen: »Als ich Wolfgang Stumph erblickte, fuhr mir nur eines durch den Kopf: Hier kommt der ideale Laudator! Das ist der glaubwürdige, bekannte, der Semperoper verbundene Mann. Hatte ich ihn doch 2003 für die Rolle des Gefängnisdieners Frosch in der Johann-Strauß-Operette ›Die Fledermaus‹ engagiert. Seit 2009 brillierte er damit auch 25 Mal in Bremen. Ich erklärte die Misere, kniete dabei fast nieder: ›Herr Stumph, Sie müssen mir helfen!‹ Er verstand sofort, dass größte Not am Manne ist – und half.

»Ich habe es für Frey, für den Ball und die Semperoper getan«, scherzt Stumph. »Denn irgendwie ist mein Schicksal seit Jahrzehnten an dieses Haus gekettet. Nicht nur, dass ich hier bald den 75. »Frosch« gebe. Ich erinnere mich noch, wie die ausgebombte Semperoper einem hohlen Zahn glich. Während des Wiederaufbaus fotografierte ich auf der Baustelle, durfte am 1. Mai 1988 mit dem Kabarett-Programm ›Außenseiter-Konferenz‹ auf der Bühne stehen.« Damit längst nicht

Den Text hatte er soeben erst gelernt:
Wolfgang Stumph bei seiner Laudatio auf Bob Geldof.

2007 erlebten die Ballgäste bereits Stumphs Operetten-Paraderolle als Gefängnisdiener »Frosch«.

genug: In der Nacht, als sich die Mauer öffnete, zeichnete Stumph in der Oper gerade mit Gunther Emmerlich die 9. Folge der TV-Sendung »Showkolade« auf. Drei Jahre später spielt eine Szene seines Krachers »Go Trabi Go« im Orchestergraben. Und beim 1. SemperOpernball gibt er – wieder mit Emmerlich – eine witzige Kostprobe seiner Vielseitigkeit: »Unseren legendären Beutelgermanen-Sketch!«

Wolfgang Stumph: »Statt gemütlich mein ›Scheelchen Heeßen‹ zu genießen, wie wir Sachsen liebevoll unseren Kaffee nennen, musste ich den Text bimsen.« Und da das ein Vollblut-Mime machte, dachte jeder, Stumph wäre schon seit Monaten für diesen Job engagiert: »Dabei habe ich für meinen Freundschaftsdienst auch noch die VIP-Tisch-Plätze eingebüßt. Denn dort, wo meine Frau und ich sitzen sollten, machte es sich mit größter Selbstverständlichkeit Herr Geldof nebst einem Freund bequem. Wir waren plötzlich nur noch Flanier-Gäste …«

Der Profi steckt das weg, erinnert sich lieber der Begegnung mit Luxemburgs Premier, dem »Mister Euro« Jean-Claude Juncker, zwei Jahre später: »Der kam völlig überraschend auf mich zu und erklärte: ›Meine Mutter ist Ihr größter Fan.‹ Unbedingt wollte er ein gemeinsames Foto mit mir für Mama. Die größte belgische Zeitung fabrizierte kurz danach eine ganze Seite über den SemperOpernball – das dominierende Foto zeigte Juncker und mich.«

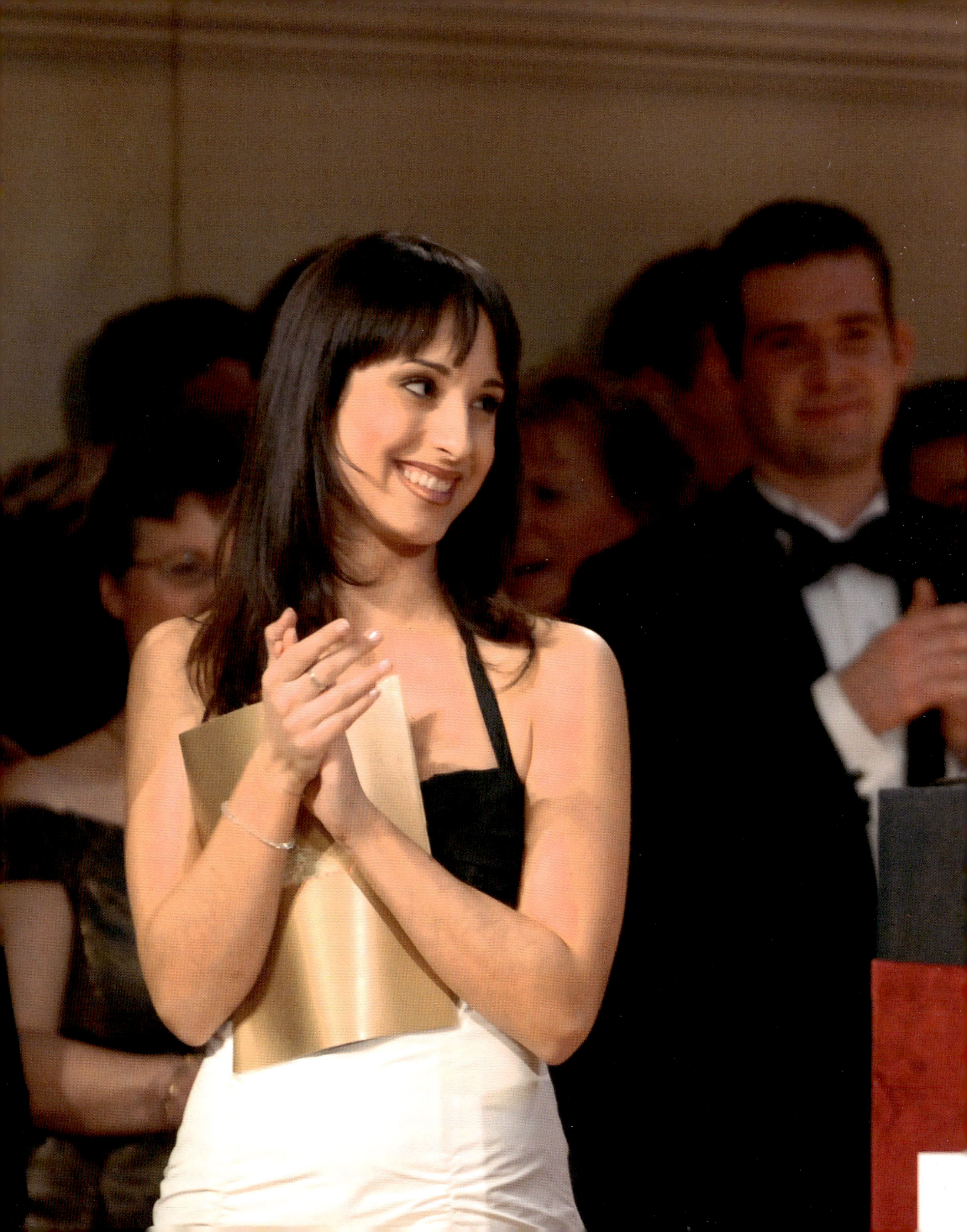

Hollywood-Legende Maximilian Schell bei der Verleihung des Ordens mit seiner reizenden Laudatorin Stephanie Stumph.

Hollywood-Legende Maximilian Schell: »Dresden ist schöner als Wien!«

Krebsschwänze in Apfelgelee, Rehrücken in Schokolade und köstliche Hummermedaillons drinnen, Scampi-Spießchen, Currywurst sowie gebrannte Mandeln draußen – beim SemperOpernball 2007 wurden alle verwöhnt. »Es war der Quantensprung auch bei den Preisträgern«, schwelgt Ball-Zauberer Hans-Joachim Frey in Erinnerungen. »Fußball-Gott Franz Beckenbauer kam, unser Ministerpräsident persönlich lotste Ex-Außenminister Hans-Dietrich Genscher herbei, und wir konnten mit Schauspiel-Legende Maximilian Schell aufwarten. Den Kontakt hatte Kammersänger Kurt Rydl von der Wiener Staatsoper geknüpft, der regelmäßig in Dresden sang.«

Der Abend begann, manche Gäste waren bereits eingetroffen: Die Botschafter von Israel und den USA, der Chef des Bundeskanzleramtes, eine Prinzessin der Familie Hohenzollern, Heidi Klums aktuelles Topmodel, Pfarrer Jürgen Fliege, TV-Kommissar Peter Sodann, die Volksmusik-Stars Marianne und Adolf Michael Hartl, die man nur als »Marianne und Michael« kennt, Damen in mondänen Roben und mit langen Kleiderschleppen. Plötzlich Getuschel: »Der große Schell!« – und da erschien er: der Welt-Charmeur mit österreichischem und Schweizer Pass, der Oscar- und mehrfache Golden-Globe-Preisträger, der wohl letzte Gentleman alter Schule des Abendlandes. Sein weißer Kinn- und Backenbart elegant gestutzt, das ergraute Haupthaar nach hinten gekämmt, um den Hals keck das seidene schwarze Schaltuch geschlungen. Fast etwas schüchtern, mit suchenden Augen unter buschigen schwarzen Augenbrauen, die nach Vertrautem Ausschau zu halten schienen, traf er gemessenen Schrittes im Vestibül ein.

Maximilian Schell kam 2007 das erste Mal zum SemperOpernball, hier mit Lebensgefährtin Elisabeth Michitsch und Stephanie Stumph.

An der Hand: die 33 Jahre jüngere Kunsthistorikerin Elisabeth Michitsch. Kaum fühlte er sich erkannt, schien ein Ruck durch seinen Körper zu gehen. Der altersmilde lächelnde Star genoss erhaben die tausendfach auf ihn gerichteten Blicke und das Blitzlicht-Gewitter, küsste zur Begrüßung mit verträumtem Blick galant Stephanie Stumph – seine reizende Laudatorin.

Hans-Joachim Frey bewegte seit Langem eine Frage: Wie nimmt der Taufpate von Angelina Jolie, dem Hollywood und Soraya Esfandiary-Bakhtiary – die Gattin des letzten Schahs von Persien – zu Füßen lagen, den Marlene Dietrich bekochte, bei dem längst alle Preise dieser Erde auf dem Kamin stehen, den goldenen Dankorden an? Und Maximilian Schell, das gebürtige

Zwei Legenden tanzen Wiener Walzer: Maximilian Schell ließ sich über die Tanzfläche führen, Franz Beckenbauer gab den Takt an.

Wiener Blut, verblüffte jeden. Vom glamourösen Ballgeschehen in der Seele ergriffen, sprudelte es ihm aus tiefstem Herzen über die Lippen: »Als Wiener darf ich es ruhig sagen: Es ist hier schöner als in Wien!« In Gesprächen lobte er eine halbe Nacht lang immer wieder die erfrischende Herzlichkeit, die einzigartige Volkstümlichkeit des Balls in Elbflorenz.

»Wird man Sie dafür in Ihrer Geburtsheimat nicht steinigen?«, fragte scherzhaft Hans-Joachim Frey. Und Schell konterte: »Mit 76 Jahren reiße ich zwar keine Bäume mehr aus, doch Rede- und Gedankenfreiheit bleiben mir.« Und tanzte zu aller Gaudi noch mit Franz Beckenbauer einen Wiener Walzer …

Maximilian Schell – ein Ballgast, den man nie vergisst! Frey: »2011 kam er noch einmal ganz privat zum SemperOpernball.« Heißblütig wie eh und je schaute der alternde Held, dessen Herz gerade die 47 Jahre jüngere Opernsängerin Iva Mihanovic erobert, den jungen Frauen nach. Auch Kaiser Franz kam wieder. »Obwohl ihn«, so Ball-Chef Frey, »vor der ersten Visite einige aufgebrachte Fans auf der Straße recht heftig wegen der Benachteiligung des Ost-Fußballs und der Querelen um das Dynamo-Stadion angesprochen hatten. Das ließ ihm keine Ruhe. Er machte sich fortan deutschlandweit für einen Neubau des Stadions stark.«

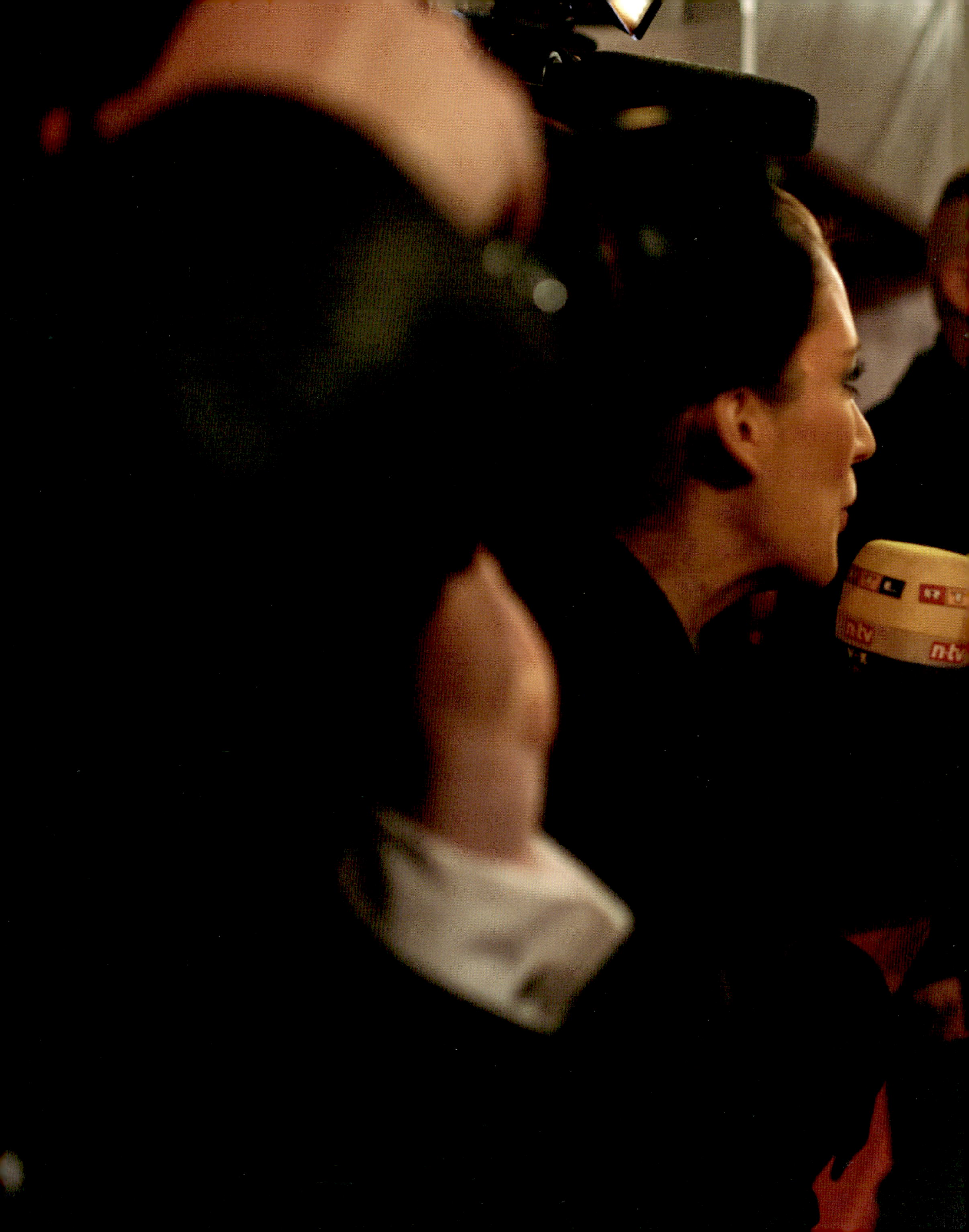
n·tv

TV-Journalisten stürzen sich am roten Teppich auf Gérard Depardieu, als der Star in letzter Minute vom Flughafengelände zum SemperOpernball gebracht werden konnte.

Nichts zum Anheften für Gérard Depardieu – da hilft nur eine Notlüge

Ungemach naht meist auf leisen Sohlen, selten im Walzerschritt. Doch auch solch glamouröses Event wie der SemperOpernball ist nicht vor unvorhersehbaren Ereignissen, vor Pech und Pannen gefeit. Tückisch, wenn sie erst kurz vor oder während der vom Fernsehen live übertragenen Show auftauchen.

Eine Peinlichkeit verknüpfte sich 2010 mit La Toya Jackson. Als die Pop-Queen im Namen ihres Bruders Michael für den posthum verliehenen »St. Georgs-Orden« dankte, war der 75-jährige diplomierte Übersetzer überfordert: »Eigentlich«, lacht Frey, »sollte er nur den Saalgästen dolmetschen. Doch bei der Generalprobe stellte der MDR fest, dass man die englischen Worte La Toyas übersetzen müsse, und engagierte ihn ohne jede Probe. Nun hatte der Ärmste Kopfhörer auf. In einer Ohrmuschel hörte er sich selbst, in der anderen den TV-Ton. Das verwirrte den sächsisch sprechenden Mann, und heraus kamen drollige Sätze wie ›Die Mutti würde weinen‹. Bei ›YouTube‹ war das tagelang der Renner, und wir sicherten uns einen Platz in Stefan Raabs Show ›TV total‹.« Manchen fiel der Fauxpas gar nicht auf. Die Montags-Blätter weideten sich lieber süffisant am silbergrauen Streukristall-Paillettenkleid von La Toya. Das gleiche, 3200 Euro teure Modell eines Designers aus Münster hatte nämlich zwei Monate vorher schon Anna Loos, die Frau von Schauspieler Jan Josef Liefers, bei der »Bambi«-Verleihung präsentiert. Nach ihr war noch Sängerin Sarah Connor bei der »Ein-Herz-für-Kinder«-Gala im gleichen Edel-Fummel aufgetaucht. Dass Michael Jacksons Schwester den sie persönlich im Kempinski abholenden Ball-Chef wegen ihrer aufwendigen Gesichtskosmetik geschlagene

Hans-Joachim Frey begleitet den berühmten Franzosen mit russischem Pass zum Ballsaal.

45 Minuten vor der Suite warten ließ und nach dem Eröffnungswalzer auf Nimmerwiedersehen verschwand – geschenkt!

Ein anderes Missgeschick dieses Abends traf Hans-Joachim Frey härter: »Beim Open-Air-Ball veranstaltete man eine Hochzeit, die nach hinten losging. Zu spät stellte sich heraus, dass das ausgewählte Paar schon zehn Jahre lang verheiratet war. Dazu kam der Standesbeamte, der mit seiner langatmigen Rede gar nicht aufhören wollte. Ständig unterbrachen Spaßvögel die Zeremonie mit den Worten: ›Tu es nicht!‹, und zuletzt passte nicht mal der Ring an den Finger der Braut. Gäste aus St. Petersburg, die unseren Ball eigentlich importieren wollten, waren davon so unangenehm berührt, dass der geplante Russlandexport ins Wasser fiel.« Seitdem wird jedes beim Ball öffentlich gesprochene und durch Kameras gefilmte Wort von Ball-Autor Oliver Spiecker verantwortet und geprobt.

Eine regelrechte Malheur-Kette gab es – von der Öffentlichkeit fast unbemerkt und bis heute von den Beteiligten diskret mit dem Mantel des Schweigens bedeckt – im Jahre 2013. Alles fing mit einer Cyberattacke der Tierschutzorganisation PETA an. Frey: »Denen schmeckte nicht, dass wir beim Thema ›Zirkusfest in Monte Carlo‹ in einer farbenfrohen Artistenparade auch sechs Elefanten laufen lassen wollten. Wir hatten einen vertrauenswürdigen Zirkus, alle Genehmigungen von Tierärzten und Behörden. Dann kam der Großangriff auf die E-Mail-Accounts unseres Vereins und des Kaufmännischen Geschäftsführers der Oper, indem innerhalb einer Minute Zehntausende eine Protestmail sandten und damit die Server lahmlegten.« Da weitere Hinterhältigkeiten erwartet wurden und sich die Sicherheit der Parade nicht garantieren ließ, wurde diese komplett abgesagt.

Das dicke Ende kam jedoch noch – Gérard Depardieu! Der französische Schauspieler, dem die Rolle des Obelix in den Asterix-Filmen auf den markanten Leib geschneidert scheint, hatte erst 24 Stunden vor dem Ball zugesagt. Denkt Hans-Joachim Frey an diesen Tag zurück, graust es ihn noch heute: »Wir hätten damals eigentlich ein Schild an die Eingangspforte hängen können: ›Wegen Promi-Überfüllung geschlossen!‹ Zudem war mit Luxemburgs Premier Jean-Claude Juncker, VW-Boss Martin Winterkorn, mit Fußball-Vizeweltmeister Michael Ballack und Schauspieler Heiner Lauterbach unser Vorrat an goldenen Orden aufgebraucht. Doch wer wagt es schon, einen Weltstar wie Depardieu auszuladen?«

Die erste Knacknuss war politischer Art: Für Juncker, den damaligen Eurogruppenchef und heutigen Präsidenten der Europäischen Kommission, schien es heikel, mit dem französischen Bürger Depardieu zusammenzutreffen, der aus Protest vor der neuen Reichensteuer in seiner Heimat gerade die russische Staatsbürgerschaft angenommen hatte. Der zweite Schlamassel wurde 17 Uhr bekannt: »Da landete«, seufzt Frey, »sein Privatflieger in Dresden-Klotzsche. Er kam direkt aus Portugal, wo er sich mit Antiquitäten eingedeckt, diese aber beim Zoll nicht deklariert hatte. Und so ließ man ihn schmoren, er saß fest. Stundenlang telefonierten wir mit dem Flughafen- und dem Polizeichef – bis Depardieu endlich zur Show durfte. Ungeduscht, zerknittert, wie er dem Flieger entstieg, kam er 15 Minuten vor 21 Uhr über den roten Teppich. Wenigstens schaffte er es, einen weißen Schal um den Hals zu legen.«

La Toya Jackson und José Carreras mit ihren goldenen Orden

Stolz hält Schauspieler Gérard Depardieu die hölzerne Schatulle mit dem goldenen Orden in der Hand.

Das dritte Desaster: nur vier Orden, aber fünf Preisträger! Frey schelmisch: »Da haben wir einem der Ausgezeichneten, ich verrate nicht, wem, den Orden nach der Verleihung sofort abgeschwatzt. Wir griffen zur Notlüge, sagten, es gäbe Schönheitsfehler an Politur und Fassung des Rubins, wir sendeten ihm das gute Stück später nach.« Der Betreffende bekam zum Dank als Einziger in der Ballgeschichte noch seinen Namen hinten auf den Orden graviert. Schwuppdiwupp!, hatte man das Goldstück für Obelix. Frey: »Der war dann trotz aller Zollturbulenzen in Superlaune, trat mit mir auf den Mittelbalkon, ließ sich von den Zehntausend draußen feiern wie ein Popstar, rief ihnen auf Französisch kumpelhaft zu ›Hier bin ich!‹. Gegen ein Uhr verließ er den Ball. Nicht ohne vorher Putin angerufen zu haben, um ihm stolz zu berichten, nun denselben Orden wie Russlands Präsident zu tragen.«

Die Pechsträhne dieses Tages ist noch nicht vollständig. Porsche-Chef Wendelin Wiedeking hatte – wie immer – für den Ball seine Loge gebucht. Doch am Abend kam er nicht, er kam nie mehr! Lag es an Ferdinand Piëch? Martin Winterkorn hatte auf der Anwesenheit seines Aufsichtsratschefs Piëch bestanden, wenn ihm Schauspielerin Veronica Ferres – diese brachte natürlich ihren Verlobten, den Milliardär Carsten Maschmeyer, mit – die Auszeichnung überreicht. Dass es mit Wiedeking und Piëch in einem Opernhaus nicht gut gehen konnte, war abzusehen. Frey bedauert noch

Veronica Ferres überreicht VW-Vorstandschef Martin Winterkorn den »Dresdner St. Georgs Orden des SemperOpernballs«.

heute: »Bei diesem Affront waren wir machtlos. Befindlichkeiten aller Gäste unter einen Hut zu bekommen ist wie die Quadratur des Kreises …« Vielleicht lag es aber auch am Rauchverbot, das Qualm-Gourmet Wiedeking nie ergötzlich fand. Frey weiß: »Als Sachsen 2008 das Rauchverbot einführte, soll sich Ministerpräsident Milbradt in einer Kabinettssitzung für den 1. Februar statt des 1. Januars stark gemacht haben – damit Wendelin Wiedeking am 18. Januar noch Zigarren in der Loge paffen kann!«

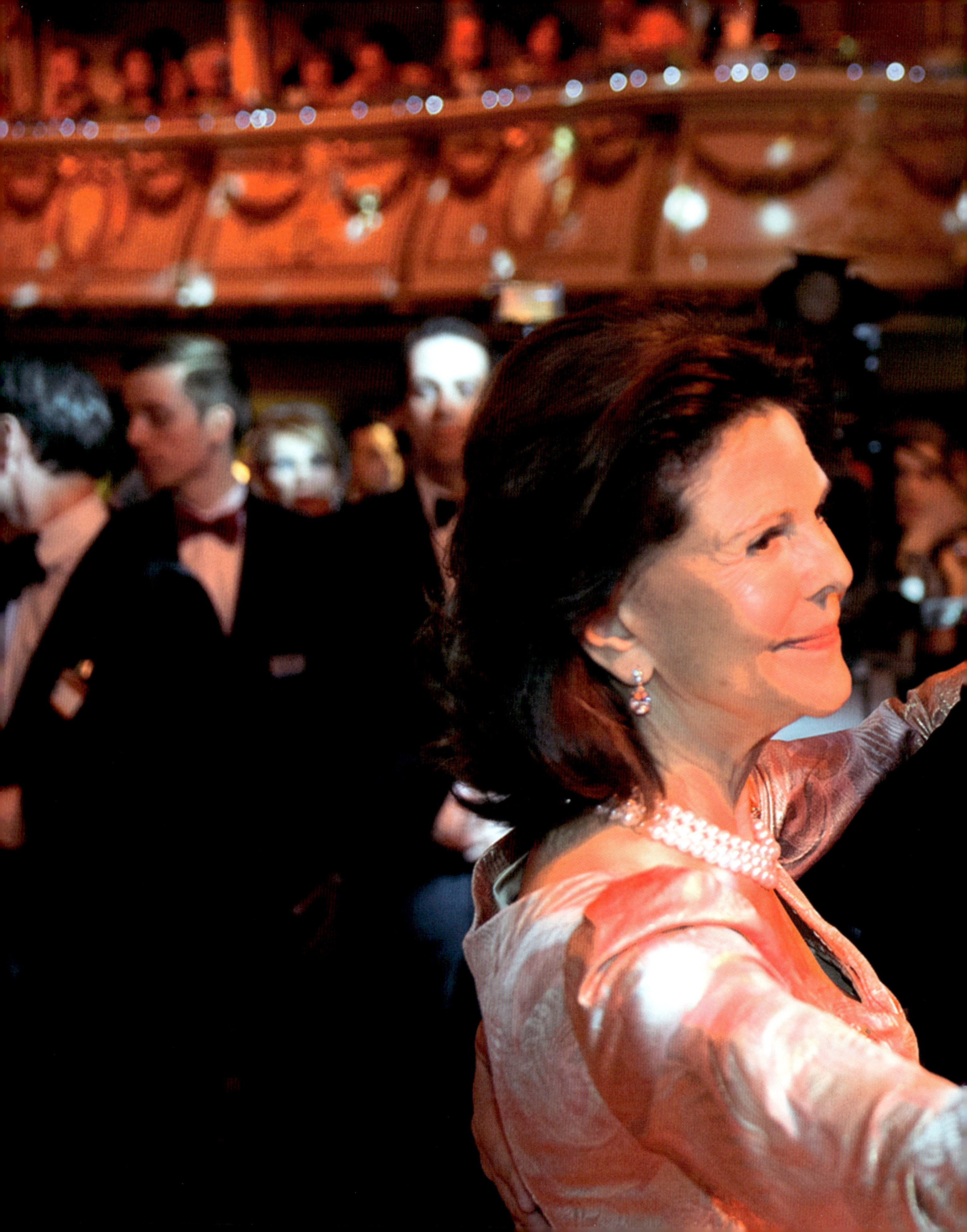

Mit royalem Schwung und fröhlichem Charme wirbelt Schwedens Königin Silvia mit Ball-Chef Hans-Joachim Frey beim Ehrentanz über das Parkett.

Silvia von Schweden –
eine Königin tanzt dem Protokoll davon

Sie schwebte mit kleinem Hofstaat im Linienflieger von Frankfurt ein, bewohnte die 360 Quadratmeter große Kronprinzensuite im Kempinski, und ihr gütiges, sanftes Lächeln verzauberte Dresden – Ihre Majestät Königin Silvia von Schweden war der Stargast der rauschenden Ballnacht 2014. Tausende sächsische Herzen flogen ihr zu: der in Heidelberg geborenen Monarchin mit deutschem Kopf und schwedischer Seele, der Gemahlin von König Carl XVI. Gustav. Einen Mann brachte sie an diesem Abend in den siebenten Himmel: Impresario Hans-Joachim Frey.

Den Impresario sah man den ganzen Abend an der Seite der Königin.

Er spürt bis heute das Gänsehautfeeling jenes atemberaubenden Moments, als die Grand Dame der Hocharistokratie Europas ihm für einen Augenblick ihre Zuneigung schenkte: »Das Protokoll hatte untersagt, dass Majestät tanzen. Doch sie setzte sich mit ihrer charmanten, liebevollen Art über alle Konventionen hinweg«, schwärmt Frey, und seine braunen Augen glänzen feurig. »Als der Eröffnungswalzer ertönte, breitete die Königin einfach ihre Arme aus und fragte mich, ob ich tanzen wolle. Ich überlegte keinen Wimpernschlag lang und führte sie behutsam aufs Parkett.« Leichtfüßig und mit mädchenhaftem, glücklichem Blick wirbelte Königin Silvia über die Tanzfläche. Es schien, als ob die Uhren 38 Jahre rückwärts liefen, als ob der Tag wiederkehrte, an dem sie ihren König heiratete und ABBA dafür das unsterbliche Lied »Dancing Queen« uraufführte.

Die Wonnen waren damit nicht zu Ende: »Wir schritten gemeinsam auf den Balkon. Unter der mit Apollon und den drei Grazien verzierten Exedra, angesichts jubelnder Massen, erspürt man ein wenig, wie es Papst Franziskus auf dem Petersplatz in Rom ergeht. Königin Silvia stand hier eine Ewigkeit, winkte, genoss das wunderschöne nächtliche Panorama Dresdens.« Weder Botschafter Staffan Carlsson noch Hofdamen oder Adjutant konnten sie trotz niedriger Temperaturen davon abhalten, diese unvergesslichen Eindrücke ganz in Ruhe zu genießen. Unvergessen sind Königin Silvias Dankesworte für den St. Georgs Orden: »Bitte lassen Sie uns alle im Kampf gegen das Böse zusammenstehen!«

Frey: »An diesem weihevollen, fast mystischen Ort spürte ich Größe, Selbstbewusstsein, Warmherzigkeit

»Papa-Feeling« unter der Exedra der Semperoper: Zu Füßen von Königin Silvia jubeln 13 000 Dresdner auf dem Theaterplatz.

und Willensstärke ihrer königlichen Weltpersönlichkeit. Anders war es hier mit Bundespräsident Christian Wulff. Kurz bevor wir aus der Tür ins Freie treten wollten, ermahnte mich ein Protokollbeamter des Bundespräsidialamtes: ›Der Herr Bundespräsident hat getanzt, geschwitzt, er könnte sich erkälten. Achten Sie bitte darauf, dass er nicht zu lange draußen verweilt.‹ Kaum waren wir auf dem Balkon, sagte Wulff nach einigen Sekunden: ›Ich gehe jetzt lieber wieder. Meine Mitarbeiter meinen, ich könnte mich erkälten …‹«
2014 war der Ball der großen Namen und Emotionen: Entertainer Thomas Gottschalk, Sänger Udo Jürgens, Schauspielerin Catherine Deneuve, EU-Kommissions-Präsident José Manuel Barroso neben der Crème de la Crème aus Adel, Kunst, Kultur, Show, Wirtschaf, Wissenschaft und Politik waren da. In der Erinnerung bleibt vielleicht Gunther Emmerlichs Charity-Bonmot: »Bitte öffnen Sie Ihr Herz und Ihren Geldbeutel, der SemperOpernball geht an die Börse, und zwar an Ihre Börse. Geben Sie das Doppelte von dem, was Sie dachten, das ist immer noch die Hälfte von dem, was wir uns erhofft haben.«

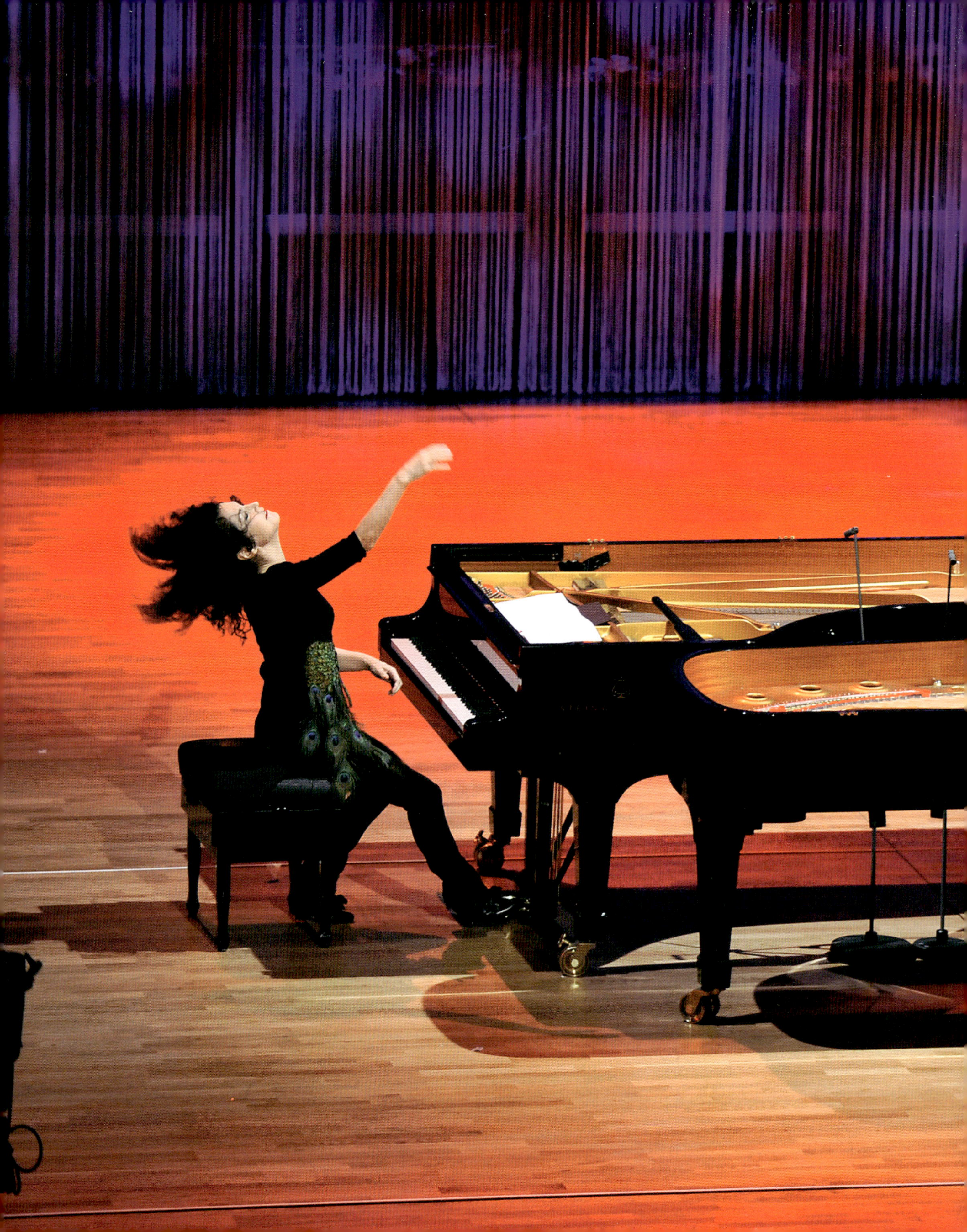

Das französische Pianistinnen-Duo Katia und Marielle Labèque

Ball-Künstler erster Güte:
Helene Fischer, Udo Jürgens und das Moulin Rouge

Musikalische Hochgenüsse, interpretiert von Weltstars und hoffnungsvollen jungen Künstlern, gehören seit Jahren zum exquisiten Flair des Traumballs in Dresden. Kaviar für die Ohren kredenzten Argentiniens Tenor Marcelo Álvarez, die deutsche Sopranistin Diana Damrau, der russische Tenor Vladimir Galouzine, die lettische Mezzosopranistin Elina Garanča, der vom unvergessenen Luciano Pavarotti persönlich entdeckte italienische Tenor Vittorio Grigolo, Sopranistin Eva Lind aus Österreich, Aleksandra Kurzak, die begnadete Sopranistin aus Polen, ihre blutjunge russische Kollegin Julia Lezhneva, der Dresdner Welt-Bassist René Pape, die russische Sopranistin Anna Pegova oder die bulgarische Sopranistin Sonya Yoncheva. Feeling vom Grünen Hügel in Bayreuth versprühten unter anderem Ausnahme-Bassist Matti Salminen und Star-Sopranistin

2 300 Ballgäste und Tausende vor der Oper feierten 2012 Superstar Helene Fischer.

Camilla Nylund aus Finnland sowie der deutsche Heldentenor Klaus Florian Vogt.

Die gegenwärtige Wunderstimme unter den Tenören, Jonas Kaufmann, hatte 2011 allerdings keine Zeit für die Generalprobe. Ball-Chef Hans-Joachim Frey: »Es war eine ganz knappe Geschichte. Er kam aus London, landete erst 16 Uhr mit dem Privatjet in Dresden-Klotzsche. Bei den Proben in der Semperoper mussten wir ihn covern.« Ein Jahr zuvor hatte sich Welt-Tenor José Carreras aus Spanien die Ehre eines Besuchs beim Ball gegeben.

»An Bassbariton Erwin Schrott aus Uruguay, dem damaligen Lebensgefährten von Anna Netrebko«, lacht Frey, »imponierte mir neben der stimmlichen Potenz die Geselligkeit und Unbekümmertheit. Nach seinem Auftritt ging er an Wladimir Putin vorbei, klopfte sich

Moulin-Rouge-Tänzerinnen traten 2012 erstmals außerhalb des legendären Pariser Varietés auf – natürlich beim SemperOpernball!

Schlagerikone Udo Jürgens begeisterte 2008 und 2014 die Gäste drinnen und draußen.

*Tenor Jonas Kaufmann kam zu seinem Auftritt
mit dem Privatjet aus London.*

*Mezzosopranistin Elina Garanča
verzauberte 2007 mit ihrer Stimme.*

auf die Brust und sagte auf Spanisch ganz laut: ›Es lebe Russland, es lebe Russland.‹ Anderen Künstlern wie dem jungen koreanischen Tenor Wookyung Kim gab der SemperOpernball einen kräftigen Karriereschub. Er schaffte es mittlerweile an die Metropolitan Opera New York, das Salzburger Festspielhaus und die Mailänder Scala.«

»Die Chinesen wissen eben mit den Stäbchen umzugehen« – so offerierte Gunther Emmerlich 2014 auf seine launige Art den Ball-Dirigenten der Sächsischen Staatskapelle Muhai Tang. Dieser trat in die Nachfolge so klangvoller Maestri wie Fabio Luisi, Manfred Honeck, Massimo Zanetti oder Asher Fisch, der allein fünf SemperOpernbälle lang den Takt bestimmte. Wann wird Chefdirigent Christian Thielemann die schönste Nacht des Jahres verzaubern?

Deutschlands Entertainerin Nr. 1, Helene Fischer, hat es schon gemacht und bekam als Zugabe den goldenen Orden. Ebenso Schlagertitan Udo Jürgens, der bereits zwei Mal den Thron der Mitternachtsshow bestieg. Auf dem heizten auch Peter Kraus, Roger Cicero, Tom Gaebel, Max Raabe, Paul Kuhn und Stefan Gwildis den Massen ein.

Doch die Neverending Show, jedes Jahr von Impresario Frey höchstselbst choreografiert, hat noch unendlich mehr zu bieten: Zu Giuseppe Verdis »La Traviata« schwebte schon eine riesige Gondel in die Oper, Dresdens legendärer Fürstenzug – die 102 Meter

Funkensprühend wurde 2014 Aktionskünstler und Feuerwerker Tom Roeder über der Semperoper abgeseilt.

lange Ahnengalerie der Wettiner mit 35 Sachsen-Herrschern und 45 Reitern auf 25 000 Fliesen aus Meissener Porzellan – wurde lebendig, die französischen Pianistinnen Katia und Marielle Labèque traten genauso wie Magier-Genie Peter Marvey aus der Schweiz auf. 2013 wurde es allgemein als Sensation angesehen, dass Dresden die drei besten Darbietungen des »Festival International du Cirque de Monte-Carlo« – des größten Zirkus-Festivals der Erde – präsentieren durfte. Dank Vermittlung Michael Mehligs, des General Managers vom Pariser Moulin Rouge, gelang eine Welt-Premiere: »Es war 2012 das erste Mal in der bis 1889 zurückreichenden Geschichte des legendären Varietés«, denkt Frey an sein Husaren-Stück, »dass die berühmten Tänzer außerhalb ihres Palastes auftraten. Ich fuhr nach Paris, musste die charmanten Damen und Herren des weltberühmten Balletts und den Agenten für die außergewöhnliche Idee gewinnen.« Doch die größte Überzeugungskunst war bei der Sächsischen Staatskapelle vonnöten: »Mit Rücksicht auf Sachsens altehrwürdigste Musikinstitution haben wir alles vertraglich so geregelt, dass das Moulin Rouge in Dresden ausnahmsweise nicht ›oben ohne‹ – wie seit über 100 Jahren an der Seine üblich – tanzt.« Der gewaltige Kraftakt war vergessen, als Frankreichs frivole Weltmarke mit dem »Cancan« aus Jacques Offenbachs »Orpheus in der Unterwelt« das Programm in der Semperoper eröffnete.

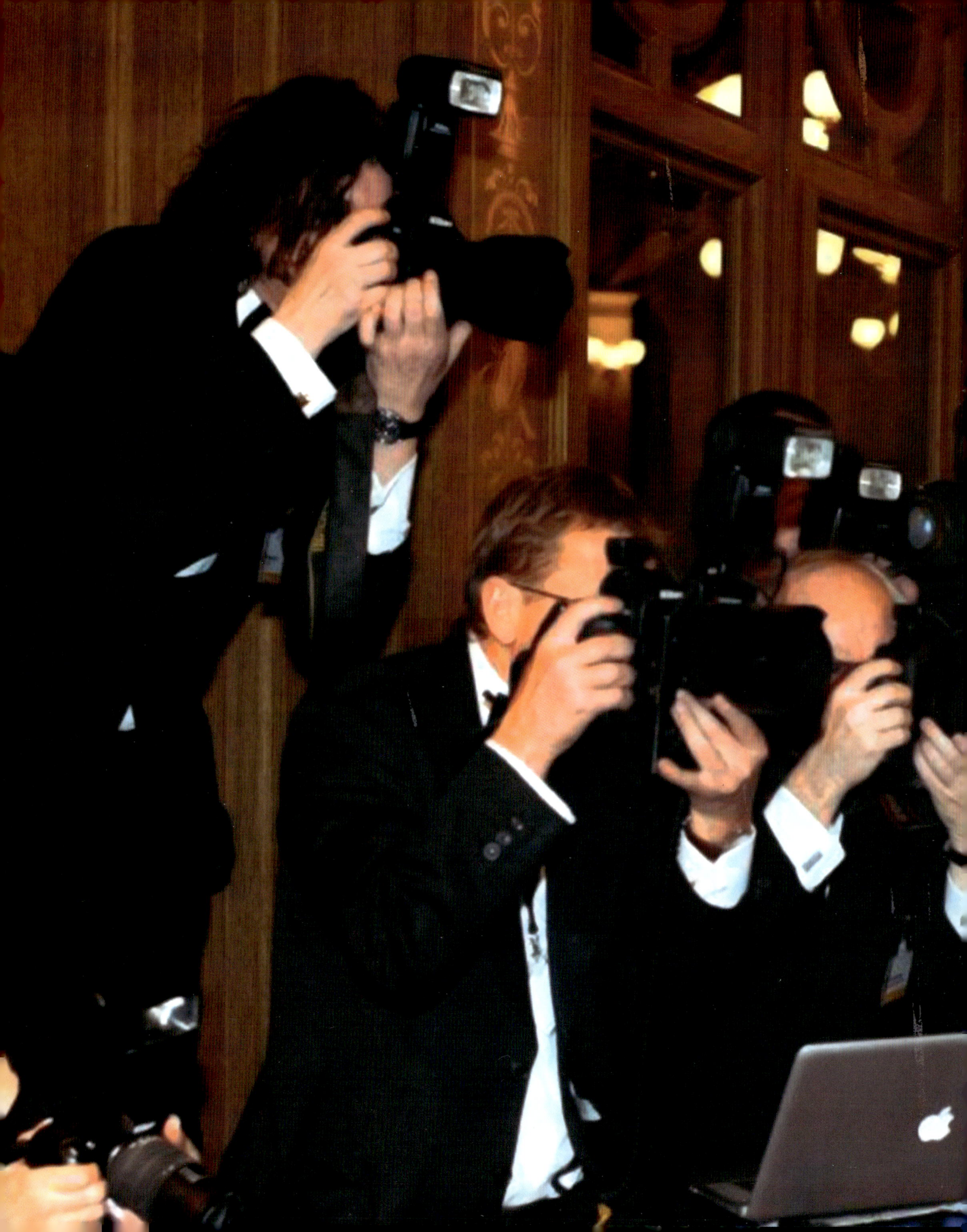

Wer als Gast über den roten Teppich des SemperOpernballs schreitet, ist sich des Blitzlichtgewitters der internationalen Presse sicher.

Hochkultur oder TV-Unterhaltung – wie viel Show verträgt die Oper?

❧

Seine blutjungen Freundinnen nennt er wie im Streichelzoo »Hasi«, »Bambi«, »Katzi«, »Spatzi«, »Kolibri«, und selbst hat er sich an den Spitznamen »Mörtel« gewöhnt: 2011 tauchte der mit großem Orden behangene hochbetagte Wiener Millionär und Lebemann Richard Lugner erstmals in Frack und Zylinder sowie mit Kavalierstock und einer 57 Jahre jüngeren Liebe beim SemperOpernball auf. Schon die Anwesenheit des »Mister Wiener Opernball«, der seit über zwei Jahrzehnten das Tanzvergnügen an der Donau mit Ehrengästen wie Faye Dunaway und Paris Hilton versorgt, hielten manche für einen Skandal. Jene rümpfen dann auch die Nase, wenn die Chefin des renommierten Dresdner Travestie-Theaters samt Starfriseur in der sechsspännigen Kutsche vorfährt, Showgrößen mit dezibelverstärkten Stimmen Beifallsstürme entgegenbranden. Oder sich Deutschlands lebensleichte Kult-Blondine Daniela Katzenberger nebst anderen Paradiesvögeln unter die Ballgäste mischt. Zieht der adoptierte Jurist Mario-Max zu Schaumburg-Lippe in seiner Prinzenrolle am Abend mehr mediale Aufmerksamkeit auf sich als ein Opernstar, prophezeien Auguren den Untergang des Abendlandes.

Rechts: Wolfgang Rothe, Kaufmännischer Geschäftsführer der Sächsischen Staatstheater und Intendant (kommissarisch) der Staatsoper Dresden, trägt 2013 den goldenen Schlüssel zur Eröffnungszeremonie des SemperOpernballs.

Travestietheater-Chefin Zora Schwarz vom Dresdner »Carte Blanche« 2012 mit einer unbekannten Dame beim Zungenkuss.

Im Jahr 2012 erschien der Wiener Millionär Richard Lugner mit »Katzi«.

155

»Es gab diese Stimmen«, erklärt der Kaufmännische Geschäftsführer und derzeitige Intendant (kommissarisch) der Semperoper Wolfgang Rothe, »die sagten, der Ball mit seinem ganzen Drumherum entweihe unser Haus, das als Oper geschaffen wurde. Bei anderen paart sich immer freudige Erwartung mit gesunder Offenheit und Neugier. Mittlerweile findet der SemperOpernball eine breite Akzeptanz. Schließlich ist er heute das Society-Ereignis in Deutschland. Die Marketingwirkung ist immens, wenn alle Welt sieht, wie prächtig die Semperoper ist. Müsste man die mit dem Ball verknüpften TV-Sendeminuten und Radioberichte oder die Spalten und ganzen Seiten in vielen Zeitungen, Magazinen und Journalen in Form von Werbung bezahlen, wären wir ganz schnell im Millionen-Euro-Bereich.«

Kunstsinnige Dresdner Kreise, für die »Kultur« und »Manager« bislang kein sinnerfülltes Wort ergeben mochten, scheinen inzwischen ihre Schockstarre überwunden zu haben. Viele gewöhnten sich an das einmal im Jahr ihr Walhalla der Musik heimsuchende Biotop, welches Hans-Joachim Frey samt Mitstreitern mit Mut und einem Schuss Größenwahn aus dem Boden stampft. Und: Schließlich spült der Ball der Oper alljährlich in der kalten Jahreszeit, in der Museen ihre Schätze zu putzen pflegen, die für Dresden so wichtigen Touristenströme fehlen und auch sonst Totentanz herrscht, kalkulierbare Einnahmen in die Kasse.

Frey sagt es frei heraus: »Wir bieten nicht das reine oder wahre klassische Programm, sondern Klassik-Entertainment.« Der bis 2013 amtierende Staatsminister bei der Bundeskanzlerin und Beauftragte der Bundesregierung für Kultur und Medien, Bernd Neumann, mit dem er drei Jahre in Bremen Fußball spielte, hat ihn immer darin bestärkt: »Neumann sagte, dass ein kulturelles Ereignis zum Event werden müsse. In Europa haben damit noch ganz viele Kulturschaffende ein Problem. Event ist für sie keine Hochkultur. In den USA ist das anders, da fragen sie immer: ›Bist du entertaint worden?‹ Wir müssen in Deutschland endlich aus dem Nischendasein heraus und nicht nur Kulturprojekte für immer kleinere und überalterte Zielgruppen machen. Sonst erreichen wir damit irgendwann nur noch ein Prozent der Bevölkerung! Es geht um eine Balance, die bisherige Opernbesucher nicht verprellt, aber neue gewinnt. Dabei hat der Semper-Opernball eine wichtige kultursoziologische Dimension.«

Wolfgang Rothe und seine Mitarbeiter bewegt jedes Jahr die Frage: »Wie viel Oper ist im Opernball? Denn er nennt sich Opernball – und findet in unserer Oper statt. Verständlich, dass er weit über das hinaus geht, was Opern-, Konzert- und Ballettbesucher normaler-

Hingucker: Kult-Blondine Daniela Katzenberger

weise erwarten. Wir haben immer versucht, Einfluss auf die Programmgestaltung zu nehmen. Andererseits trägt der Semper Opernball-Verein das Veranstaltungsrisiko, und deshalb überlassen wir ihm auch Letztentscheidungsrecht. Mit Herrn Frey haben wir außerdem einen Partner, der aus der Oper kommt und gut empfinden kann, was uns hier bewegt. Wir hoffen, dass wir noch viele Jahre in Harmonie zusammen Opernbälle feiern.«

Diplomatische, ausgewogene Worte. Hinter verschlossenen Türen gab es in vergangenen Jahren allerdings manche Turbulenzen. Frey: »Ob kritische Bemerkungen von Semperoper-Intendantin Ulrike Hessler oder die schnell widerrufene vorsorgliche Kündigung unseres Ballvertrages durch den Belgier Serge Dorny, der dann sein Intendanten-Amt nicht antrat – wir haben alle Sturmböen und reinigenden Gewitter wohlbehalten überstanden.«

Viele Argumente sprechen heute mehr denn je für die temporäre anderweitige Nutzung des Musentempels. Rothe, der wegen des seit der Spielzeit 2012/13 vakanten Intendantenpostens mehrfach ins Ballprotokoll eingebunden war: »Eine Staatsoper hat immer eine Repräsentationsfunktion. Und seitens der Staatskanzlei sowie unseres Trägers, des Staatsministeriums für Wissenschaft und Kunst, besteht natürlich das Interesse, an einem so herausragenden gesellschaftlichen Ereignis wie dem Ball mitzuwirken, ein Teil dessen zu sein.« Mit seiner Ehefrau nahm er an allen Bällen teil: »Man sollte dabei nicht durch die Hochkulturbrille schauen. Wir alle sind Menschen, die manchmal auch Zerstreuung suchen. Ich gehe dann etwa ins Fußballstadion zu Dynamo Dresden, fahre mit der Sächsischen Dampfschiffahrt oder höre zu Hause eben mal andere Musik als Opernarien.«

Mit neuer Begleitung kam Richard Lugner 2014 zum Ball.

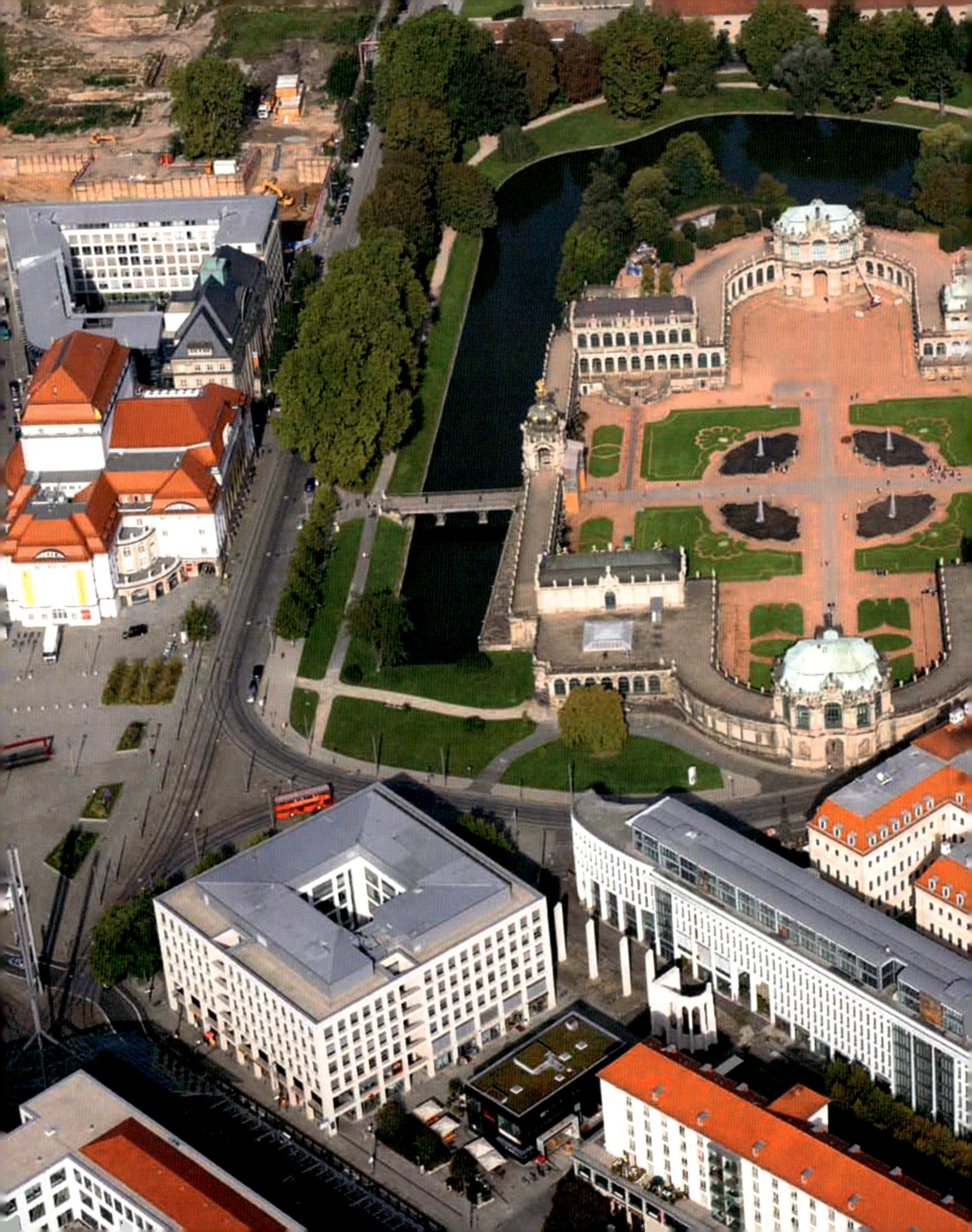

In der milden Herbstsonne des Oktobers 2014 erstrahlte dieses faszinierende Ensemble von Zwinger, Semperoper, Residenzschloss und Grandhotel Taschenbergpalais Kempinski vor den Augen des Fotografen im Hubschrauber.

Team mit Nerven wie Stahlseile –
wir beherrschen das Chaos!

Die glorreichen Sieben vom Ballverein: Schatzmeister Rainer Naseband, der 1. Vorsitzende und Künstlerische Gesamtleiter Hans-Joachim Frey, Projektleiterin Trixi Steiner, der 2. Vorsitzende, Produzent und Sponsor des St. Georgs Ordens Juwelier Georg H. Leicht, Projektleiterin Franziska Weiß, der 2. Vorsitzende Konzertveranstalter Bernd Aust und der General Manager des 5-Sterne Grand Hotels Taschenbergpalais Kempinski Dresden Jens Marten Schwass (v. l.)

»Unser großer Vorteil besteht darin«, lacht der 2. Vorsitzende des Semper Opernball e.V. Bernd Aust, »dass der Ball nur einmal im Jahr stattfindet. Der Nachteil – wir haben nur einen Schuss, und der muss sitzen, korrigieren geht nicht! Mit viel Engagement, Verrücktheit und keinem Cent Steuermitteln vermarkten wir die Oper europaweit, tun was für Dresden, Sachsen, Deutschland und müssen mit einer schwarzen Null rauskommen.«

Der studierte Saxofonist und Flötist, der Hits wie »Tritt ein in den Dom« komponierte und mit seiner Band »electra« quer durch die Republik, darüber hinaus bis Kuba und Kopenhagen tourte, ist heute Dresdens größter Konzertveranstalter und der einzige in Elbflorenz

Geborene im Vorstand. »Ich bin der Chefnörgler und Mahner vom Dienst, der auch mal unseren Ball-Dirigenten Frey, der stets sofort mit dem Kopf durch die Wand will, auf den Boden der Tatsachen stellt.« Künstler-Booking ist Austs täglich Brot, und so handelt er die Preise aus, nimmt jeden Vertrag peinlich genau unter die Lupe: »Der Teufel liegt im Detail. Wenn wir beispielsweise einen Ausländer für 100 000 Euro buchen, muss die Ausländersteuer inkludiert sein. Sonst haut dieser die im Nachhinein gewiss noch drauf. Spezialwissen, Erfahrung und Kontakte sind eben alles in meinem Job …«

Seit der ersten Stunde unterstützt ein Notar a. D. und Rechtsanwalt mit seinem Paragrafenblick den Ball juristisch: Horst-Michael von Kummer. »Da gibt es«, schmunzelt der frühere Vereinsanwalt von Werder Bremen, »jede Menge Fallstricke. Ein von uns engagierter Künstler hatte beispielsweise zwei Makler. Der eine sagte den Auftritt zu, der andere ab. Ich habe ihn natürlich festgenagelt …«

Den Überblick im Chaos behalten drei reizende Frauen: die Projektleiterinnen Franziska Weiß und Trixi Steiner sowie Andrea Mylo vom Projektmanagement. Nerven wie Stahlseile hat Kulturwissenschaftlerin Trixi Steiner, die seit 2006 als »Schattenfrau« hinter Impresario Frey agiert, ihm sogar an seine Wirkungsstätten nach Bremen und Linz folgte: »Mit 25 Jahren durfte ich als seine Ball-Assistentin anfangen und habe da Blut geleckt. Ich bin so eine Art Spinne im Netz, die für ihn alle Fäden zusammenhält.« Sie nimmt sich jedes Jahr eine Woche Urlaub für den SemperOpernball. Und mit ihrem Mann, Unternehmensberater Gustav Steiner, bekamen sie sogar Söhnchen Hugo 2013 im Balltakt – damit Mamas Management-Talent in der heißen Ball-Phase verfügbar und der Boss beruhigt war. Denn sie befehligt allein eine kleine Armee von über 100 Helfern, saust wie ein Wirbelwind durch die Opernflure, hält per Funk und Handy den Abend lang Kontakt mit dem Service-Team, der Security, Promi-Betreuern und natürlich Hans-Joachim Frey. Der ist

Impresario Hans-Joachim Frey und Projektleiterin Trixi Steiner bei einer Besprechung in der Oper

Geballte Frauen-Power für den SemperOpernball: Franziska Weiß, Trixi Steiner und Andrea Mylo (v. l.)

überzeugt: »Ohne Trixi und die super Mannschaft wäre der Ball heute nicht das, was er geworden ist!«

Frau Weiß und Frau Mylo arbeiten das ganze Jahr über im Ball-Büro. Postanschrift: das noble Hotel Taschenbergpalais Kempinski. Sie sind nicht nur Top-Sekretariat für den Ball-Chef und die emsigen Vereinsmitglieder, sondern stehen jederzeit auch den 2200 Ballgästen zur Verfügung. Das geht weit über den Kartenverkauf, die Reservierung für künftige Jahre und das Trostspenden für alle jene, die keine Tickets bekamen, hinaus.

Franziska Weiß wollte eigentlich Rechtsanwältin werden und entdeckte während des Jurastudiums an der TU Dresden ihr Faible für das Kreative, Organisa-

Konzertveranstalter Bernd Aust ist für die delikaten Künstler-Verträge verantwortlich.

torische. Und so kam die Empfangsmanagerin der Gläsernen Manufaktur zum SemperOpernball. »Zu vielen Gästen«, verrät sie, »haben wir mittlerweile ein sehr herzliches Verhältnis.« Und dank ihres exklusiven Netzwerkes bleibt kaum ein Wunsch unerfüllt.

Anfang Januar beginnt für die Hochprofis der Ausnahmezustand – und endet erst, wenn der letzte Promi-Flieger vom Flughafen Dresden-Klotzsche abgehoben hat. »Beim Ball gibt es«, weiß Franziska Weiß, deren Ehemann Steven die VIP-Shuttles koordiniert, »1 000 kleine und große Dinge zu bedenken, muss man für alle Eventualitäten gerüstet sein und unzählige Telefonnummern im Kopf oder iPad haben. Denn überall können Probleme lauern. Eins von Heidi Klums Topmodels etwa kam statt im Abendkleid im Miniröckchen. Die Kleine war den Tränen nah. Da besorgten wir ihr innerhalb von zwei Stunden von einer Star-Designerin ein extravagantes Abendkleid mit Pfauenfedern, welches ihr quasi auf den Leib genäht wurde.« Der Wiener Richard Lugner war empört, dass es im Luxushotel zwischen seinem und dem Zimmer der weiblichen Begleitung an einer Verbindungstür mangelte – er konnte binnen Minuten umziehen. »Morgens fünf Uhr«, so Frau Weiß, »fiel mir 2009 noch ein, dass Joachim Fuchsberger bald mutterseelenallein in der kalten VIP-Lounge auf dem Flughafen stehen würde. Ich erreichte dort einen Bekannten, der die Heizung aufdrehte und den Schauspieler mit Tee und Kaffee verwöhnte.«

Das Dream-Team komplettiert seit 2011 Andrea Mylo: »Seit zehn Jahren bin ich auch die private Vertraute von Hans-Joachim Frey, erledige selbst die persönliche Korrespondenz.« Die charmante Dame, die sich gern diskret im Hintergrund hält, kennt wirklich alle Geheimnisse des Ball-Chefs: »Wir lernten uns beim ›Forum Tiberius‹ kennen, dann wurde ich Schatzmeisterin seines Musikwettbewerbs ›Competizione dell' Opera‹, betreute beim Ball zuerst als freie Mitarbeiterin Prominente wie Roman Herzog, Hans-Dietrich Genscher und Franz Beckenbauer.« Sie beherrscht die Kunst, Welt-Persönlichkeiten jeden Wunsch von den Augen abzulesen: »Das gelingt am besten«, erzählt sie verschmitzt, »wenn man sich im Vorfeld sehr genau mit diesen Herrschaften und ihren Gewohnheiten vertraut macht.«

Contenance bewahrt Schatzmeister Rainer Naseband, der frühere Bank-Direktor und Richelieu der Zahlen: »Ich bin die Spaßbremse des Vereins, denn ohne meine Zustimmung wird kein Geld ausgegeben.« Er jongliert mit den steigenden GEMA-Gebühren. Und er spürte zuerst die neuen Compliance-Regeln großer Konzerne, die 30 Prozent Steuer plus Soli und Kirchensteuer auf die Tickets zahlen müssen, wenn sie generös Geschäftsfreunde zum Ball einladen. Naseband: »Selbst ich erlebe immer wieder Überraschungen. Mittags 12 Uhr, vor einem Ball, meinten plötzlich zwei Künstler, dass sie ihre Gage um Mitternacht in bar, in 100-Euro-Scheinen, haben wollen. In Zeiten elektronischen Geldes waren die Scheine gar nicht so einfach zu beschaffen. Meine Frau hatte dann 54 000 Euro in der Handtasche, und uns lief der Angstschweiß übers Gesicht.« Damit das nicht noch einmal vorkommt, parkt jetzt am Ballabend ein Geldtransporter nahe der Semperoper.

Rechts: Das schönste Restaurant der Welt unter den reich bemalten Loggien im oberen Opernvestibül

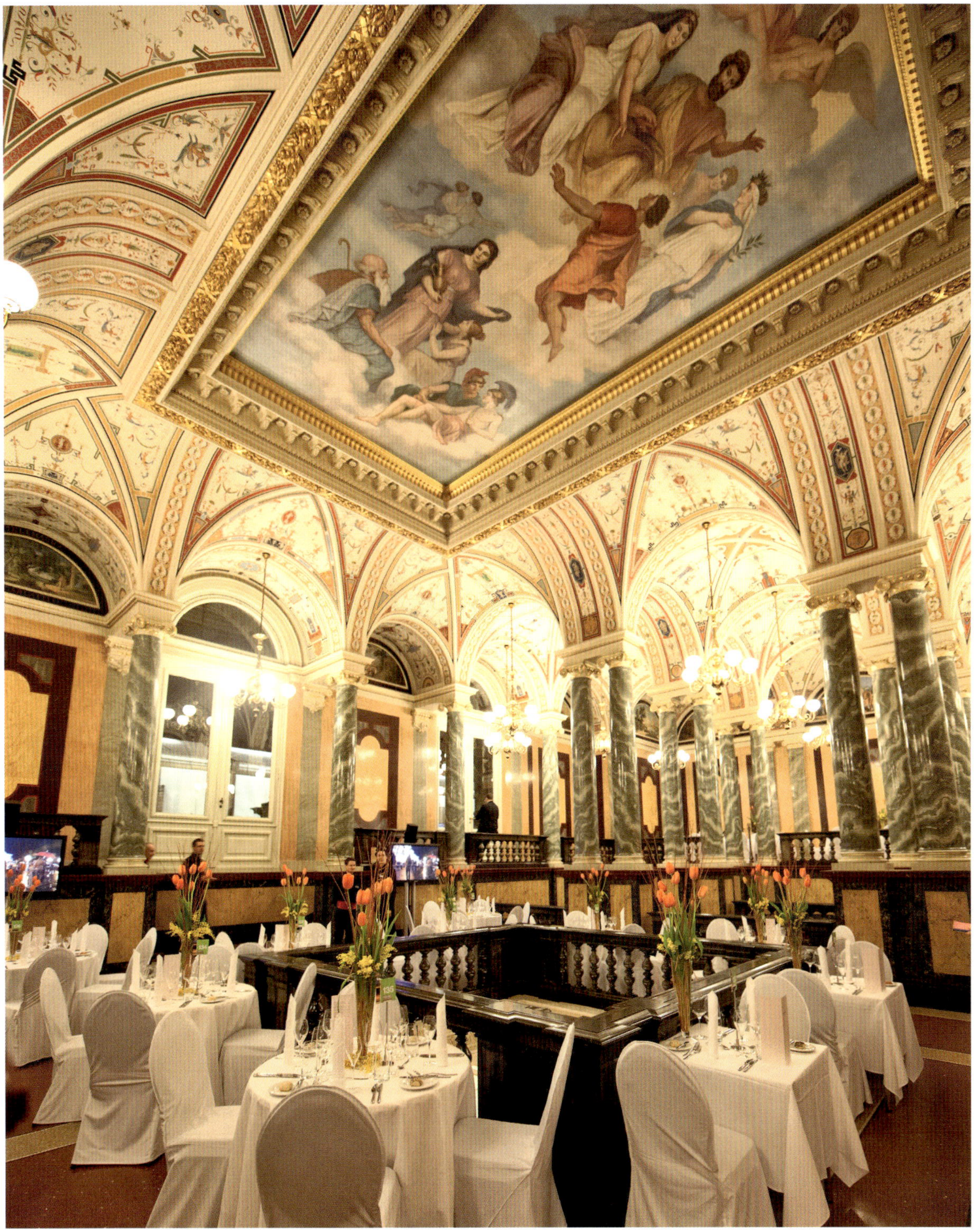

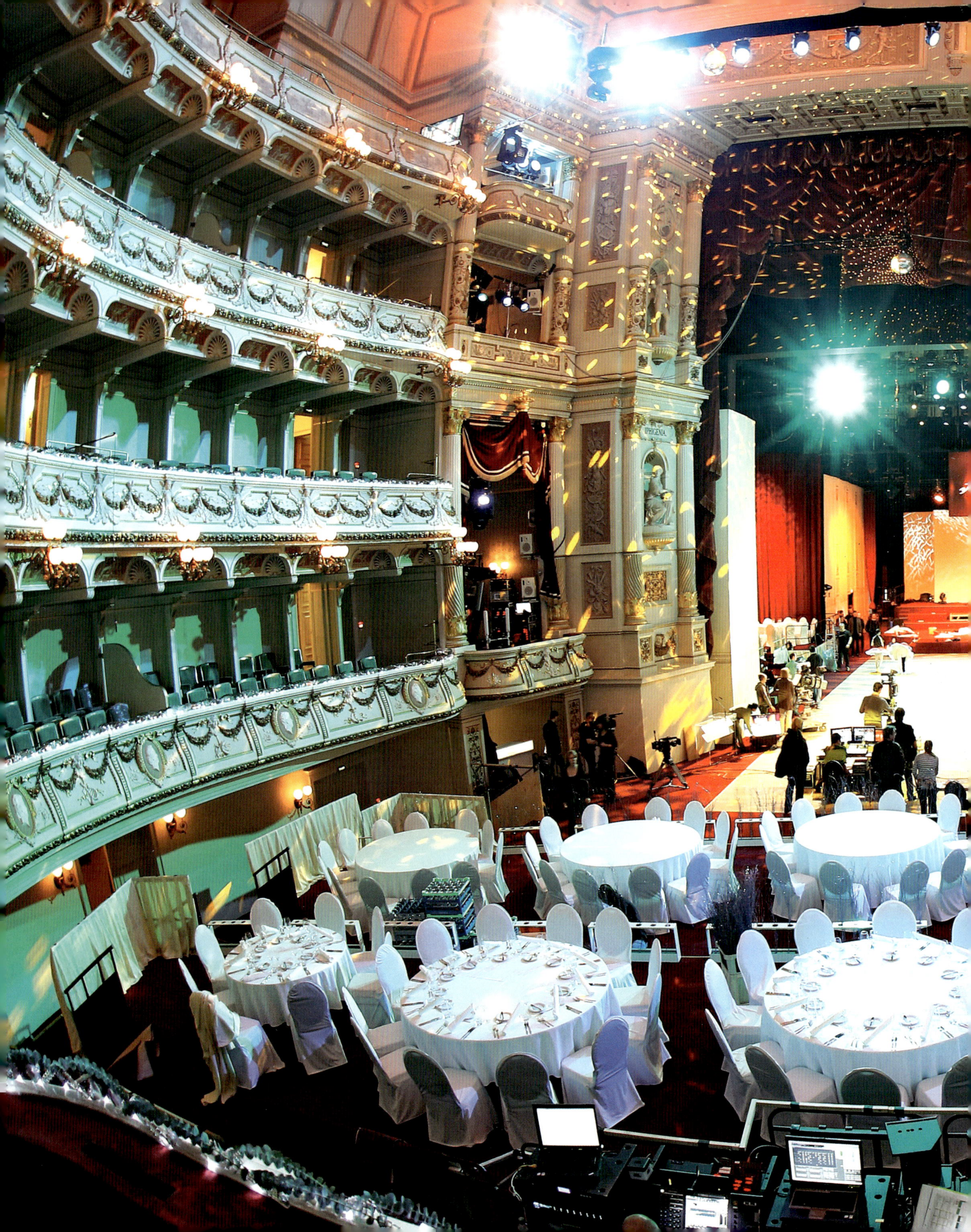

Ruhe vor dem Sturm – letzte Lichtprobe im Ballsaal vor dem Einlass der Gäste.

Tausende dienstbare Geister
vor und hinter den Kulissen

Ein Page vom Grand Hotel Taschenbergpalais Kempinski Dresden entzündet vor der Ballnacht in der russisch-orthodoxen Kapelle die Kerzen.

Ob Concierge, Hausdamen, Pagen, Silberputzer oder General Manager – naht der SemperOpernball, herrscht in Sachsens Grand Hotel der Superlative, dem Taschenbergpalais Kempinski Dresden, für alle 180 Mitarbeiter Urlaubssperre. Denn statt der üblichen Ruhe in der Sauregurkenzeit nach Weihnachten und Neujahr boomt das Geschäft, füllen sich Zimmer und Suiten, gibt es alle Hände voll zu tun. »Dieser Ball ist für die Hotellerie der Stadt«, bekennt der von Kairo in Ägypten an die Elbe gewechselte Kempinski-Chef Jens Marten Schwass, »wie ein Sechser im Lotto. Und unser Haus will natürlich mit höchstem Luxus und Noblesse die Gäste aus aller Welt verwöhnen.« In Patisserie und Küche tüfteln kulinarische Koryphäen tagelang an lukullischen Kreationen. Für gekrönte Häupter lässt der Chef beispielsweise deren Wappen in Handtücher und Kissen sticken, den verwöhnten Russen baute das Superhotel gar eine russisch-orthodoxe Hauskapelle.

Kaum ist Montagabend am Theaterplatz der letzte Vorhang gefallen, wird das Innenleben der Semperoper von etwa 300 Mitarbeitern 75 Stunden lang umgebaut. Unter Leitung des Technischen Direktors Jan Seeger demontieren Arbeiter routiniert das komplette Parkettgestühl, bauen Bühnen und Podeste, verlegen 420 Quadratmeter Tanzparkett aus Eichenholz-Laminat und 2 000 Quadratmeter Teppichboden. 45 Tonnen Licht- und Tontechnik werden bewegt, 20 Kilometer Kabel verlegt, zu den 1 500 Scheinwerfern der Oper zusätzliche 100 für Showlicht installiert. Aus Nebenbühnen entstehen durch geschickt aneinandergefügte Kulissen und aufgehängte Kronleuchter Nobel-Restaurants. Auch Probenräume von Orchester und Ballett werden durch entsprechende Einbauten und Mobiliar zu Salons umfunktioniert, mit 160 Tischen und 1 304 Stühlen

Rechts: Tausende Rosen und andere Blumen verwandeln die Semperoper jedes Jahr in ein Blütenmeer.

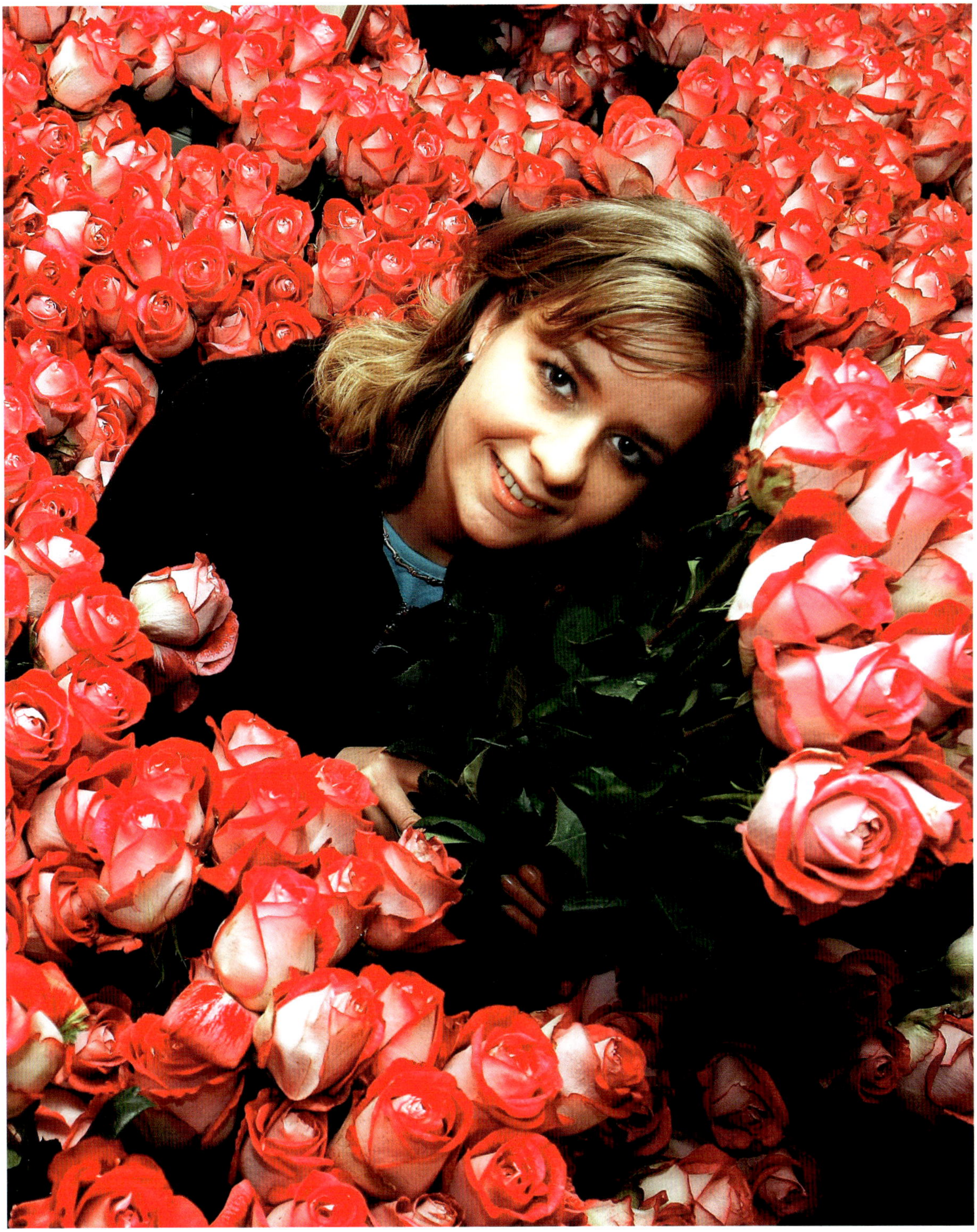

Die Phaeton-Flotte steht neben dem Grand Hotel Taschenbergpalais Kempinski Dresden bereit.

ausgestattet. Dann legen fleißige Hände die Tafeltücher auf, platzieren Servietten, 9 000 Gläser, das Geschirr, die Menü- und Tischkarten. Allein das Besteck – bestehend aus mehr als 18 000 Teilen – wiegt über 1,6 Tonnen! Noch zwei Stunden vor dem Ball pinseln Tischler, Tapezierer und Fußbodenleger mit Funkel-Lack an Ecken und Kanten die letzten Makel weg.

Für den prächtigen Blumenschmuck zeichnen seit Jahren Floristikmeister Henrik Laubner aus Dresden und sein 24-köpfiges Team verantwortlich. Aus Italien, den Niederlanden, Ecuador und Kenia lässt er die edelsten Blumen – alle nachhaltig ökologisch angebaut – einfliegen. Sein verführerisch duftendes Blütenmeer umfasste 2014 etwa 5 000 Rosen, 9 500 Orchideenblüten, 180 Bund zartes Grün, 190 Sträucher, 2 000 farbige Frühjahrsblüher. Laubner: »Neben 400 Tisch- und 36 opulenten Wandgestecken gestalten wir beispielsweise ein 160 Meter langes florales Band aus Orchideenblüten und Eukalyptusgrün für die Ränge.«

In neun Küchen arbeiten für Sternekoch Stefan Hermann vom Restaurant »bean & beluga« 50 Köche an den Herden. 300 Kellner jonglieren 6 000 Teller durch die Oper. Obwohl die Gäste eigentlich alle mit gut gefülltem Magen zum Ball erscheinen, konnten sie nicht widerstehen, wurden in einer Nacht 420 Kilo Rindfleisch aus der Oberlausitz, 160 Kilo Thunfisch, 350 Liter Mangosuppe, 1 500 bretonische Felsenaustern, 40 Hummer, 16 Kilo Kaviar und 1 200 Currywürste verspeist. Daneben rinnen alljährlich etwa 3 000 Flaschen Wein, 2 000 Flaschen Champagner und 4 000

Im Jahre 2009 gab es fünf Zentner Hummer für die Gäste des SemperOpernballs.

Kempi-Boss Jens Marten Schwass lässt Pagen den roten Teppich ausrollen, Sterne-Koch Stefan Hermann testet die Güte des Kaviars

Flaschen Softgetränke neben Hektolitern edler Mineralwässer durch die Kehlen.

Um die Haarpracht der 80 Debütantinnen kümmern sich mit Ralf Suchomel und Frank Bohm vom Salon »CSB – Coiffure Suchomel Bohm« zwei international begehrte Meister ihres Faches, die sonst die Models von Modemarken wie Yves Saint Laurent, Christian Dior oder Vivienne Westwood frisieren. Als exklusiver Kooperationspartner verwöhnen Petra Brockmann und Thomas Brockmann-Knödler von »Brockmann-undKnoedler« in ihrer Stylinglounge an der Fledermausbar Ballgäste die ganze Nacht.

Nicht zu vergessen der permanente Shuttleservice mit 50 Phaeton-Automobilen und 65 Fahrern, die Diener, Hostessen, Portiers und Security-Mitarbeiter, die Brandposten, Löschgruppen, Haustechniker, Notfallmediziner … Rechnet man alle zusammen, werden 2 300 Gäste von etwa 2 200 Servicekräften umsorgt.

Ausblicke für den Dresdner SemperOpernball

Wer wie Prof. Hans-Joachim Frey mit dem SemperOpernball in der Champions League der größten Bälle spielt, jedes Jahr komplett ausverkauft ist und immer mehr und wichtigere Prominente anlockt, könnte sich eigentlich entspannt zurücklehnen. Doch der geborene Kulturmanager hat eine Vision: »Klassische Kultur muss eine viel größere Rolle in der Gesellschaft spielen, ihr Nischendasein überwinden. Mit unserem Ball fanden wir ein Format, das die sogenannte ernsthafte Musik mit Unterhaltungsmusik, Society Management und Hospitality Management auf bisher nie da gewesene Weise verbindet. Da möchte ich in den nächsten Jahren anknüpfen. Die klügsten Köpfe aller Kontinente und Nationen sollten sich damit befassen, wie klassische Kultur ins multimediale Zeitalter des Internets gerettet und für breite Bevölkerungsgruppen attraktiv gemacht werden kann. Mein Traum wäre es, hochrangige Persönlichkeiten in Dresden zu einem Weltkongress zu vereinen, der mit dem SemperOpernball ausklingt.«

Doch zuvor wird der Ball wohl andere Regionen unseres Planeten erobern. Frey: »Es gibt konkrete Nachfragen aus Mallorca, vom Moskauer Bolschoi-Theater und aus China. Gelänge es beispielsweise, in einer der chinesischen Metropolen den Ableger des Dresdner Balls zu installieren, könnte das faszinierende Effekte für den Tourismus haben.«

Rechts: Die Erfolgsgeschichte des Dresdner SemperOpernballs hat gerade erst begonnen …

171

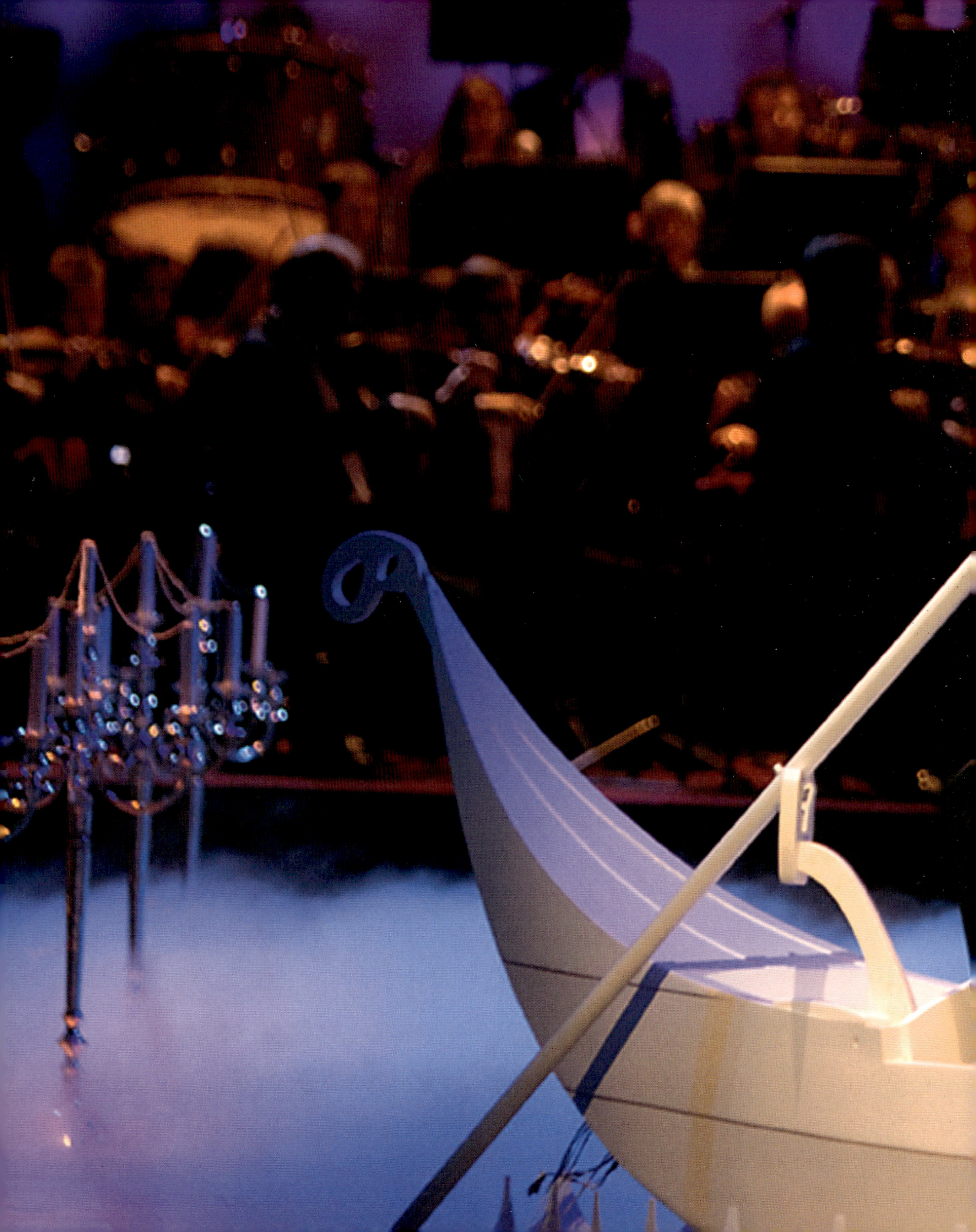

Tenor Wookyung Kim aus Südkorea 2008 als Gondoliere

SemperOpernbälle
1925 – 2015

1. Opernball:	21. Februar 1925
2. Opernball:	6. Februar 1926
3. Opernball:	5. Februar 1927
4. Opernball:	4. Februar 1928
5. Opernball:	2. Februar 1929
6. Opernball:	1. Februar 1930
7. Opernball:	25. Februar 1933
8. Opernball:	16. Februar 1935
9. Opernball:	15. Februar 1936
10. Opernball:	6. Februar 1937
11. Opernball:	19. Februar 1938
12. Opernball:	4. Februar 1939
Musenfest:	7., 8., 10. und 11. Juli 1989
1. SemperOpernball:	13. Januar 2006
2. SemperOpernball:	19. Januar 2007
3. SemperOpernball:	18. Januar 2008
4. SemperOpernball:	16. Januar 2009
5. SemperOpernball:	15. Januar 2010
6. SemperOpernball:	14. Januar 2011
7. SemperOpernball:	20. Januar 2012
8. SemperOpernball:	1. Februar 2013
9. SemperOpernball:	7. Februar 2014
10. SemperOpernball:	30. Januar 2015

Preisträger »Dresdner St. Georgs Orden des SemperOpernballs« 2006 bis 2014[*]

2006

Armin Mueller-Stahl
(Schauspieler, Kategorie Kultur)
Laudatio: Prof. Dr. Georg Milbradt,
Ministerpräsident des Freistaates Sachsen

2007

Dr. h. c. Hans-Dietrich Genscher
(Bundesaußenminister a. D., Kategorie Politik)
Laudatio: Prof. Dr. Georg Milbradt,
Ministerpräsident des Freistaates Sachsen

Maximilian Schell
(Schauspieler, Kategorie Kultur)
Laudatio: Stephanie Stumph,
Schauspielerin

Franz Beckenbauer
(Fußball-Weltmeister, Kategorie Sport)
Laudatio: Wolfgang Tiefensee,
Bundesminister für Verkehr, Bau und Stadtentwicklung

2008

Dr. h. c. Lothar de Maizière
(Ministerpräsident d. DDR a. D., Kategorie Politik)
Laudatio: Prof. Dr. Georg Milbradt,
Ministerpräsident des Freistaates Sachsen

Kurt Masur
(Dirigent, Kategorie Kultur)
Laudatio: Dr. Thomas de Maizière,
Bundesminister für besondere Aufgaben und
Chef des Bundeskanzleramtes

Henry Maske
(Boxweltmeister, Kategorie Sport)
Laudatio: Dennenesch Zoudé,
Schauspielerin

[*] *bis 2009 »Sächsischer Dankorden des Semper Opernball e.V.«*

2009

Wladimir Putin
(Ministerpräsident der Russischen Föderation,
Kategorie Politik)
Laudatio: Stanislaw Tillich,
Ministerpräsident des Freistaates Sachsen

Joachim Fuchsberger
(Schauspieler, Kategorie Kultur)
Laudatio: Ralf Bauer,
Schauspieler

Matthias Steiner
(Olympiasieger Gewichtheben 2008, Kategorie Sport)
Laudatio: Lena Schöneborn, Olympiasiegerin Moderner Fünfkampf 2008

2010

Prof. Dr. Kurt Biedenkopf
(Ministerpräsident des Freistaates Sachsen a. D.,
Kategorie Politik)
Laudatio: Prof. Ludwig Güttler,
Musiker

José Carreras
(Sänger, Kategorie Kultur)
Laudatio: Peter Maffay,
Musiker

Michael Jackson, posthum entgegengenommen
von La Toya Jackson
(Sänger, Kategorie Soziales Engagement)
Laudatio: Mariella Ahrens,
Schauspielerin

2011

Prof. Dr. Roman Herzog
(Bundespräsident a. D., Kategorie Politik)
Laudatio: Petra Gerster,
Journalistin und Fernsehmoderatorin

Sir Bob Geldof
(Musiker, Kategorie Soziales Engagement)
Laudatio: Wolfgang Stumph,
Schauspieler

Til Schweiger
(Schauspieler und Produzent, Kategorie Kultur)
Laudatio: Thomas Kretschmann,
Schauspieler

2012

Khaldoon Khalifa Al Mubarak
(CEO Executive Affairs Authority Abu Dhabi,
Kategorie Wirtschaft)
Laudatio: Jens Lehmann,
Extorhüter der Fußballnationalmannschaft

Sir Roger Moore
(Schauspieler, Kategorie Soziales Engagement)
Laudatio: Dr. Thomas de Maizière,
Bundesminister der Verteidigung

Ornella Muti
(Schauspielerin, Kategorie Kultur)
Laudatio: Peter Lewandowski, Journalist

Helene Fischer
(Entertainerin, Kategorie Show,
Kultur und Unterhaltung)
Laudatio: Dennenesch Zoudé,
Schauspielerin

2013

Jean-Claude Juncker
(Premierminister Luxemburg, Kategorie Politik)
Laudatio: Stanislaw Tillich,
Ministerpräsident des Freistaates Sachsen

Prof. Dr. Martin Winterkorn
(Vorstandsvorsitzender der Volkswagen AG,
Kategorie Wirtschaft)
Laudatio: Veronica Ferres,
Schauspielerin

Gérard Depardieu
(Schauspieler, Kategorie Lebenswerk)
Laudatio: Sonja Kirchberger,
Schauspielerin

Michael Ballack
(Fußball-Vizeweltmeister, Kategorie Sport)
Laudatio: Waldemar Hartmann,
Sport-Journalist

Heiner Lauterbach
(Schauspieler, Kategorie Kultur)
Laudatio: Uwe Ochsenknecht,
Schauspieler

2014

Ihre Majestät Königin Silvia von Schweden
(Monarchin, Kategorie Soziales Engagement)
Laudatio: Roland Koch,
Hessischer Ministerpräsident a. D.

José Manuel Barroso
(Präsident der Europäischen Kommission,
Kategorie Politik)
Laudatio: Stanislaw Tillich,
Ministerpräsident des Freistaates Sachsen

Catherine Deneuve
(Schauspielerin, Kategorie Soziales Engagement)
Laudatio: Axel Milberg,
Schauspieler

Thomas Gottschalk
(Fernsehmoderator, Entertainer, Kategorie Kultur)
Laudatio: Horst Lichter,
Fernsehkoch und Kochbuch-Autor

Udo Jürgens
(Sänger, Entertainer, Kategorie Kultur)
Laudatio: Das Publikum in der Oper
und auf dem Theaterplatz

Sonderpreis: Alle Dresdner
Entgegengenommen durch Helma Orosz,
Oberbürgermeisterin der Landeshauptstadt
Dresden

Personenregister

Ahrens, Mariella (geb. 1969) 176
Albert, König von Sachsen (1828–1902) 20
Albrecht, Christoph (geb. 1944) 53
Albrecht, Marc (geb. 1964) 53
Almsick, Franziska van (geb. 1978) 121
Al Mubarak, Khaldoon Khalifa (geb. 1975) 121, 122, 176
Alschner, Helga (geb. 1930) 45, 49
Althaus, Dieter (geb. 1958) 122
Álvarez, Marcelo (geb. 1962) 73, 148
Anton, König von Sachsen (1755–1836) 18
Ardenne, Manfred Baron von (1907–1997) 72
Ardenne, Thomas Gothilo Baron von (geb. 1943) 72
August, Kurfürst von Sachsen (1526–1586) 12
Aust, Bernd (geb. 1945) 59, 160–162

Baier, Jo (geb. 1949) 127
Ballack, Michael (geb. 1976) 139, 177
Barroso, José Manuel (geb. 1956) 121, 124, 145, 177
Bartholomäi, Florian (geb. 1987) 127
Bauer, Ralf (geb. 1966) 176
Baumgarten, Sebastian (geb. 1969) 53
Beckenbauer, Franz (geb. 1945) 121, 134, 135, 162, 175
Bela, Brigitte, geb. Schmidt, (geb. 1910) 39
Bellotto, Bernardo (1722–1780) 13
Berger, Senta (geb. 1941) 72, 73
Berger, Stéphanie (geb. 1977) 73
Berghaus, Ruth (1927–1996) 42
Berghofer, Wolfgang (geb. 1943) 42–44, 49
Biedenkopf, Ingrid (geb. 1931) 70–72, 92
Biedenkopf, Kurt Hans (geb. 1930) 53, 70–72, 176

Bohm, Frank (geb. 1964) 169
Böhm, Karl (1894–1981) 25, 38
Borsody, Suzanne von (geb. 1957) 72
Brockmann, Petra (geb. 1970) 169
Brockmann-Knödler, Thomas (geb. 1972) 169
Brohm, Sabine (geb. 1963) 46
Brühl, Heinrich Graf von (1700–1763) 73
Busch, Fritz (1890–1951) 25, 37
Butzmann, Volker (geb. 1943) 53, 55, 59, 76
Bychkov, Semyon (geb. 1954) 53

Carl XVI. Gustaf, König von Schweden (geb. 1946) 144
Carlsson, Staffan (geb. 1948) 144
Carola, Königin von Sachsen, Prinzessin von Wasa (1833–1907) 20
Carreras, José (geb. 1946) 149, 176, 139
Casanova, Giacomo Girolamo (1725–1798) 13
Christian I., Kurfürst von Sachsen (1560–1591) 13
Cicero, Roger (geb. 1970) 150
Connor, Sarah (geb. 1980) 138
Cramer, Bettina (geb. 1969) 127

Damrau, Diana (geb. 1971) 72, 73, 148
Darboven, Albert (geb. 1936) 70
Davis, Sir Colin (1927–2013) 53
Decker, Willi (geb. 1950) 53
Degner, Peter (geb. 1954) 73
Deneuve, Catherine (geb. 1943) 121, 126, 145, 177
Depardieu, Gérard (geb. 1948) 121, 137–140, 177
Derek, Bo (geb. 1956) 121
Dietmann, Carsten (geb. 1962) 59

Dietrich, Marlene (1901–1992) 134
Dinglinger, Johann Melchior (1664–1731) 98
Domingo, Plácido (geb. 1941) 105
Dorny, Serge (geb. 1962) 157
Dostojewski, Fjodor Michailowitsch (1821–1881) 98
Dunaway, Faye (geb. 1941) 154

Ebstein, Katja (geb. 1945) 127
Elisabeth II., Königin von Großbritannien (geb. 1926) 112
Emmerlich, Gunther (geb. 1944) 42, 45, 46, 73, 82, 100, 131, 145, 150
Engelhardt, Basilius Baron von (1828–1915) 98
Engert, Wolfgang (geb. 1963) 53
Ermold, Ludwig (1883–1949) 35
Esfandiary-Bakhtiary, Soraya (1932–2001) 134

Fabergé, Peter Carl (1846–1920) 98
Feiereis, Max (1882–1960) 37
Ferres, Veronica (geb. 1965) 121, 140, 141, 177
Feustel, Klaus Peter (geb. 1937) 45
Findlater, Lord James Ogilvy, 7. Earl of (1747–1811) 29
Fisch, Asher (geb. 1958) 93, 150
Fischer, Gotthilf (geb. 1928) 92
Fischer, Helene (geb. 1984) 121, 148, 150, 176
Fliege, Jürgen (geb. 1947) 134
Foht, Udo (geb. 1950) 73
Frank, Fred (1913–1944) 39
Franziskus, Oberhaupt der röm.-kath. Kirche (geb. 1936) 144
Frey, Benita (geb. 1960) 105

Frey, Christa Klara Luise, geb. Grigel (geb. 1936) 105
Frey, Dietrich Eduard August (1932–2000) 105
Frey, Ekkehard (geb. 1966) 105
Frey, Hans-Joachim (geb. 1965) 52–170
Frey, Kirsten, geb. Blanck (geb. 1965) 105
Frey, Konstanze (geb. 1998) 105
Frey, Sigrid, geb. Maaß (1907–1985) 108
Freytag, Holk (geb. 1943) 81
Friedrich, Götz (1930–2000) 105, 108
Friedrich II., »Alter Fritz«, König von Preußen (1712–1786) 44
Friedrich August I., »der Starke«, Kurfürst von Sachsen (1670–1733), als König von Polen August II. 8–13, 44, 45, 47–49, 64, 73
Friedrich August II., Kurfürst von Sachsen (1696–1763), als König von Polen August III. 11
Friedrich August II., König von Sachsen (1797–1854) 20
Friedrich August III., König von Sachsen (1865–1932) 15
Friedrich August III., Kurfürst von Sachsen (1750–1827), als König von Sachsen Friedrich August I. 13
Fuchsberger, Joachim (1927–2014) 162, 176
Funck, Anna (geb. 1980) 91

Gaebel, Tom (geb. 1975) 150
Gagnidze, George (geb. 1970) 56
Galouzine, Vladimir (geb. 1956) 148
Garanča, Elina (geb. 1976) 148, 150
Gatti, Daniele (geb. 1961) 53
Géczy, Barnabas von (1897–1971) 39
Gedeon, Erik (geb. 1963) 81

Geldof, Sir Bob (geb. 1951) 121, 129–131, 176
Genscher, Hans–Dietrich (geb. 1927) 67, 92, 127, 134, 162, 175
Gergijew, Waleri (geb. 1953) 56
Gerk, Ulrich (geb. 1961) 114
Gerster, Petra (geb. 1955) 176
Gheorghiu, Angela (geb. 1965) 73
Goethe, Johann Wolfgang von (1749–1832) 22, 25
Goller, Josef (1868–1947) 35
Golßenau, Arnold Friedrich Vieth von (1889–1979) 15
Gottschalk, Thomas (geb. 1950) 82, 85, 145, 177
Grigolo, Vittorio (geb. 1977) 148
Grube, Rüdiger (geb. 1951) 121
Gürtler-Mauthner, Elisabeth (geb. 1950) 56, 57
Güttler, Ludwig (geb. 1943) 176
Gustav II. Adolf, König von Schweden (1594–1632) 66
Guth, Claus (geb. 1964) 53
Gwildis, Stefan (geb. 1958) 150

Habermann, Eva (geb. 1976) 121
Haenchen, Hartmut (geb. 1943) 42
Haenning, Gitte (geb. 1946) 127
Hähnel, Ernst Julius (1811–1891) 22
Hanks, Tom (geb. 1956) 66
Hänsch, Wolfgang (1929–2013) 43
Harding, Daniel (geb. 1975) 53
Harteros, Anja (geb. 1972) 56
Hartfiel, Jürgen (geb. 1941) 45
Hartl, Adolf Michael (geb. 1949) 134
Hartl, Marianne (geb. 1953) 134
Hartmann, Waldemar (geb. 1948) 177
Hauschild, Wolf–Dieter (geb. 1937) 42
Häussler, Rudolf (geb. 1928) 58
Haydn, Josef (1732–1809) 34
Hegenbarth, Wolke (geb. 1980) 73

Helleken, Inge (geb. 1941) 39
Henneberg, Matthias (geb. 1956) 76
Hermann, Stefan (geb. 1970) 168, 169
Herrich, Klaus (geb. 1932) 44, 45
Herrmann, Uwe (geb. 1962) 115–117
Herz, Joachim (1924–2010) 42
Herzog, Roman (geb. 1934) 121, 126, 162, 176
Hessler, Ulrike (1955–2012) 157
Heuberger, Richard, d. Ältere (1850–1914) 38
Hilbert, Dirk (geb. 1971) 59
Hildebrand, Monika (geb. 1958) 80
Hilton, Paris (geb. 1981) 154
Hoene, Barbara (geb. 1944) 45
Holtbernd, Benedikt (geb. 1962) 59
Honeck, Manfred (geb. 1958) 53, 150
Honecker, Erich (1912–1994) 42, 43, 48
Höppner, Mareile (geb. 1977) 91
Hörbiger, Christiane (geb. 1938) 121
Hubbert, Jürgen (geb. 1939) 58
Hühnerfürst, Hugo (1827–1867) 20
Huß, Katrin (geb. 1969) 91

Ihle, Andrea (geb. 1953) 45
in 't Veld, Ronald (geb. 1958) 55, 56, 59, 70
Iwan IV., »der Schreckliche«, Zar von Russland (1530–1584) 64, 66

Jackson, La Toya (geb. 1956) 107, 121, 138, 139, 176
Jackson, Michael (1958–2009) 107, 138, 176
Jacobi, Wolf–Dieter (geb. 1965) 88, 89
Jaques–Dalcroze, Émile (1865–1950) 34
Jasmatzi, Georg Anton (1846–1922) 36
Johann Georg I., Kurfürst von Sachsen (1585–1656) 13
Jolie, Angelina (geb. 1975) 134
Juncker, Jean–Claude (geb. 1954) 121, 131, 139, 177
Jung, Helene (1887–1975) 37

Junge, Friedrich Wilhelm (geb. 1938) 73
Jürgens, Udo (geb. 1934) 121, 145, 149, 150, 177
Jurowski, Vladimir (geb. 1972) 108, 109

Kastendick, Jörg (geb. 1964) 108
Katharina II., »die Große«, Kaiserin von Russland (1729–1796) 97
Katzenberger, Daniela (geb. 1986) 154, 156
Kaufmann, Jonas (geb. 1969) 130, 149, 150
Kechman, Wladimir (geb. 1969) 109, 123
Keller, Ferdinand (1842–1922) 58
Keßler, Peter (geb. 1960) 45, 46
Ketelsen, Hans–Joachim (geb. 1945) 45
Ketzer, Willy (geb. 1951) 73
Kim, Wookyung (geb. 1977) 150, 173
Kindermann, René (geb. 1975) 88, 91
Kirchberger, Sonja (geb. 1964) 177
Klum, Johanna (geb. 1980) 73
Klum, Heidi (geb. 1973) 134, 162
Knoblauch, Roman (geb. 1968) 91
Koch, Roland (geb. 1958) 177
Koebel, Anja (geb. 1968) 91
Kohl, Helmut (geb. 1930) 49
Köhler, Horst (geb. 1943) 126
Kolniak, Angela (1894–1964) 37
Konwitschny, Peter (geb. 1945) 53
Kotenjow, Wladimir Wladimirowitsch (geb. 1957) 98–100
Kötter, Ernst (geb. 1953) 59
Krämer, Günter (geb. 1940) 53
Kraus, Peter (geb. 1939) 150
Kretschmann, Thomas (geb. 1962) 176
Kreutzkamm, Fritz (1902–1981) 36
Kreutzkamm, Margarethe, geb. Markert (1871–1948) 36
Kreutzkamm, Max (1855–1926) 36
Kronzucker, Dieter (geb. 1936) 127

Küchler, Martin (geb. 1975) 92
Kuhn, Paul (1928–2013) 73, 114, 150
Kümmel, Peter (geb. 1959) 81
Kummer, Horst–Michael von (geb. 1942) 59, 161
Kunze, Michael (geb. 1943) 109
Kurzak, Aleksandra (geb. 1977) 148

Labèque, Katia (geb. 1950) 147, 151
Labèque, Marielle (geb. 1952) 147, 151
Lämmel, Sabine, geb. Schmidt (geb. 1924) 39
Landgrebe, Gudrun (geb. 1950) 73
Lang, Christof (geb. 1960) 72
Laubner, Henrik (geb. 1964) 168
Lauterbach, Heiner (geb. 1953) 139, 177
Lax, Sabine (geb. 1972) 111–114
Lax, Tassilo (geb. 1971) 111–114
Lee, Sir Christopher (geb. 1922) 121
Lehmann, Jens (geb. 1969) 127, 176
Lehnhoff, Nikolaus (geb. 1939) 53
Leichner, Ludwig (1836–1912) 35
Leicht, Georg H. (geb. 1964) 56, 57, 59, 63, 64, 66, 67, 160
Levay, Sylvester (geb. 1945) 56, 109
Lewandowski, Peter (geb. 1957) 176
Lezhneva, Julia (geb. 1989) 148
Lichter, Horst (geb. 1962) 177
Liefers, Jan Josef (geb. 1964) 138
Lind, Eva (geb. 1966) 73, 148
Lippert, Wolfgang (geb. 1952) 62
Loen, Johann Michael von (1694–1776) 8
Loos, Anna (geb. 1970) 138
Lotti, Antonio (um 1667–1740) 12
Ludwig XIV. (1638–1715) 11
Lugner, Richard (geb. 1932) 154, 157, 162
Luisi, Fabio (geb. 1959) 53, 73, 150
Luther, Martin (1483–1546) 64

Maaß, Eduard (1874–1958) 108
Maffay, Peter (geb. 1949) 176
Magirius, Heinrich (geb. 1934) 43
Mahlo, Alf (geb. 1960) 92
Maizière, Lothar de (geb. 1940) 122, 127, 175
Maizière, Thomas de (geb. 1954) 70, 122, 127, 175, 176
Marelli, Marco Arturo (geb. 1949) 53
Marvey, Peter (geb. 1971) 151
Maria, Königin von Sachsen, Prinzessin von Bayern (1805–1877) 20
Maria Josepha, Erzherzogin von Österreich (1699–1757) 11
Maschmeyer, Carsten (geb. 1959) 140
Maske, Henry (geb. 1964) 121, 175
Masur, Kurt (geb. 1927) 175
Matthus, Siegfried (geb. 1934) 42
Matwijenko, Walentina Iwanowna (geb. 1949) 109
Matz, Johannes (geb. 1929) 44, 45, 47–49
May, Karl (1842–1912) 49
Mehlig, Michael (geb. 1964) 151
Mehner, Johannes (1911–1951) 39
Melanchthon, Philipp (1497–1560) 64
Michalsky, Adolph k. A. 17
Michitsch, Elisabeth (geb. 1963) 134
Mihanovic, Iva (geb. 1978) 135
Milberg, Axel (geb. 1956) 177
Milbradt, Georg (geb. 1945) 56, 62, 64, 70, 76, 81, 97, 141, 175
Millöcker, Carl (1842–1899) 38
Modrow, Hans (geb. 1928) 44
Mohn, Brigitte (geb. 1964) 121, 122
Mohn, Liz (geb. 1941) 72, 121, 122
Moore, Sir Roger (geb. 1927) 121, 176
Mora, Alois (1872 bis nach 1935) 35, 37
Moschner, Ruth (geb. 1976) 73
Mueller–Stahl, Armin (geb. 1930) 64, 66, 67, 76, 82, 108, 121–123, 130, 175

Mueller–Stahl, Editha, geb. Maaß (1903–1978) 108
Müller, Gerhard (geb. 1956) 57, 59
Muti, Ornella (geb. 1955) 67, 121, 127, 176
Mylo, Andrea (geb. 1959) 161, 162
Napoleon I., Kaiser von Frankreich (1769–1821) 13
Naseband, Rainer (geb. 1950) 59, 160, 162
Nast, Jan (geb. 1965) 59
Nemirova, Vera (geb. 1972) 53
Netrebko, Anna (geb. 1971) 149
Neumann, Bernd (geb. 1942) 156
Noack, Ernst (1861–1924) 35
Nosseni, Giovanni Maria (1544–1620) 13
Nylund, Camilla (geb. 1968) 149
Obama, Barack (geb. 1961) 100
Ochsenknecht, Uwe (geb. 1956) 121, 177
Offenbach, Jacques (1819–1880) 151
Orosz, Helma (geb. 1953) 82, 85, 177
Otto, Kristin (geb. 1966) 121
Paganini, Niccolò (1782–1840) 18
Palucca, Gret (1902–1993) 34
Pape, René (geb. 1964) 108, 109, 148
Pasternak, Boris (1890–1960) 109
Pattiera, Tino (1890–1966) 37
Pavarotti, Luciano (1935–2007) 148
Pegova, Anna (geb. 1980) 148
Peter I., »der Große«, Zar von Russland (1672–1725) 66, 98
Pfeiffer, Siegfried (geb. 1934) 73, 77
Philippe II. de Bourbon, Herzog von Orléans (1674–1723) 28
Piëch, Ferdinand (geb. 1937) 140
Pilhau, Miriam (geb. 1975) 73
Plaschke von der Osten, Eva (1881–1936) 37
Plasencia, Ana (geb. 1974) 127

Pokrowski, Boris (1911–2009) 109
Ponto, Erich (1884–1957) 37
Pöppelmann, Matthäus Daniel (1662–1736) 12
Potemkin, Gregor Alexandrowitsch (1739–1791) 98
Pötzsch, Christian (1926–2001) 46, 49
Pötzsch, Christoph (geb. 1955) 49
Prisco, Arturo (geb. 1943) 91
Pröhl, Dieter (1929–2011) 46
Putin, Jekaterina (geb. 1986) 99
Putin, Wladimir Wladimirowitsch (geb. 1952) 95–100, 104, 109, 121, 140, 149, 176
Putjatin, Nikolai Abramowitsch (1749–1830) 98
Raab, Stefan (geb. 1966) 138
Raabe, Max (geb. 1962) 150
Rachmaninow, Sergej Wassilijewitsch (1873–1943) 98
Rauhe, Hermann (geb. 1930) 108
Reiter, Udo (1944–2014) 72
Renzi, Anouschka (geb. 1964) 121
Rex, Rico (geb. 1976) 121
Richter, Ludwig (1803–1884) 22
Richter, Swjatoslaw (1915–1997) 42
Rietschel, Ernst (1804–1861) 22
Roeder, Tom (geb. 1966) 74, 76, 90–92
Roldugin, Sergei (geb. 1951) 97, 100, 101
Rolle, Carl Gottlieb (1814–1862) 22
Rook, Andreas F. (geb. 1966) 91
Roßberg, Ingolf (geb. 1961) 53, 70, 81
Rößler, Matthias (geb. 1955) 58, 82, 120
Rößler, Veronika (geb. 1956) 120
Rothe, Wolfgang (geb. 1960) 72, 154–157
Rülcker, Ernst (1868–1944) 37
Ruzicka, Peter (geb. 1948) 108
Rydl, Kurt (geb. 1947) 134

Sachsen, Alexander Prinz von (geb. 1953) 63, 72
Sachsen, Ernst Heinrich Prinz von (1896–1971) 15
Sachsen, Gisela Prinzessin von (geb. 1964) 63, 72
Salminen, Matti (geb. 1945) 148
Sander, Erol (geb. 1968) 127
Schaumburg Lippe, Mario Max Prinz zu (geb. 1977) 154
Scheibner, Andreas (geb. 1951) 45
Schell, Maximilian (1930–2014) 133–135, 175
Schilg, Sonja (geb. 1956) 84
Schilling, Johannes (1828–1910) 25
Schinkel, Karl Friedrich (1781–1841) 22
Schmidt, Käthe, geb. Edle von Schuch (1885–1993) 39
Schmutzler, Mathias (geb. 1960) 73
Schnauffer, Georg k. A. 35
Schneider, Robert Hermann (1881–1948) 39
Schommer, Kajo (1940–2007) 56, 76, 81, 82
Schöneborn, Lena (geb. 1986) 176
Schönfelder, Max Gerd (1936–2000) 44, 48, 49
Schreier, Peter (geb. 1935) 42, 43, 105
Schröder–Devrient, Wilhelmine (1804–1860) 23
Schrott, Erwin (geb. 1972) 149
Schubert, Franz (1797–1828) 42
Schuch, Ernst Edler von (1846–1914) 25, 34
Schuch–Ganzel, Elisabeth (Liesel) Franziska Edle von (1891–1990) 34, 39
Schwarz, Zora k. A. 154
Schwarzenberg, Karel (geb. 1937) 56
Schwass, Jens Marten (geb. 1960) 160, 166, 169
Schweiger, Til (geb. 1963) 121, 130, 176
Schweizer, Wolfgang (geb. 1943) 56, 59
Schwiers, Jasmin (geb. 1982) 127
Seeger, Jan (geb. 1966) 166
Selbig, Ute (geb. 1960) 45
Semper, Emanuel (1848–1911) 25

Semper, Gottfried (1803–1879) 21–25, 62, 70
Semper, Manfred (1838–1913) 25
Shicoff, Neil (geb. 1949) 109
Siborow, Oleg (1957–2012) 99, 109
Siegel, Ralph (geb. 1945) 93
Silvestre, Louis de (1675–1760) 8
Silvia, Königin von Schweden (geb. 1943) 121, 143–145, 177
Sinopoli, Giuseppe (1946–2001) 53
Slomka, Marietta (geb. 1969) 72
Sodann, Peter (geb. 1936) 134
Sosniok, Jan (geb. 1968) 121
Spiecker, Oliver (geb. 1951) 139
Springer, Axel Cäsar (1912–1985) 121
Springer, Friede (geb. 1942) 121
Stammnitz, Lothar (1927–2006) 44
Steffen, Britta (geb. 1983) 121
Steiner, Gustav (geb. 1977) 161
Steiner, Hugo (geb. 2013) 161
Steiner, Matthias (geb. 1982) 176
Steiner, Trixi (geb. 1979) 160, 161
Stern, Loretta (geb. 1974) 121
Stoiber, Edmund (geb. 1941) 127
Strauss, Richard (1864–1949) 21

Strauß, Henriette (1818–1878) 20
Strauß, Johann (Vater, 1804–1849) 18, 19
Strauß, Johann (Sohn, 1825–1899) 18–20, 55
Striegler, Kurt (1886–1958) 35, 37, 38
Stryczek, Karl–Heinz (geb. 1937) 45
Stumph, Christine (geb. 1950) 130
Stumph, Stephanie (geb. 1984) 73, 133, 134, 175
Stumph, Wolfgang (geb. 1946) 73, 129–131, 176
Suchomel, Ralf (geb. 1962) 169
Svoboda, Cyril (geb. 1956) 70, 76
Syndram, Dirk (geb. 1955) 64

Tang, Muhai (geb. 1949) 150
Täubrich, Marion (geb. 1945) 39
Tervani, Irma (1887–1936) 37
Theorin, Iréne (geb. 1963) 109
Thielemann, Christian (geb. 1959) 53, 150
Tichatschek, Joseph (1807–1886) 23
Tiefensee, Wolfgang (geb. 1955) 175
Tillich, Stanislaw (geb. 1959) 99, 100, 120, 122, 176, 177
Tillich, Veronika (geb. 1959) 99
Trinks, Constantin (geb. 1975) 56
Tröh, Heinz k. A. 36

Tschaikowski, Pjotr Iljitsch (1840–1893) 93

Ude, Armin (geb. 1933) 45
Uecker, Gerd (geb. 1946) 53, 57, 70, 99
Ulmen–Fernandes, Collien (geb. 1981) 73, 121

Vaart, Sylvie van der (geb. 1978) 127
Vaatz, Arnold (geb. 1955) 97
Verdi, Giuseppe (1813–1901) 21, 150
Verhoeven, Michael (geb. 1938) 72
Vogt, Klaus Florian (geb. 1970) 149
Vonk, Hans (1942–2004) 42

Waalkes, Otto (geb. 1948) 73
Wagner, Richard (1813–1883) 21, 23, 24, 109
Wahls, Jessica Martina (geb. 1977) 88
Wandtke, Harald (geb. 1939) 42
Weber, Carl Maria von (1786–1826) 22, 25
Wedel, Dieter (geb. 1942) 127
Weigle, Sebastian (geb. 1961) 53
Weiß, Franziska (geb. 1980) 160–162
Weiß, Steven (geb. 1978) 162
Wempe, Kim–Eva (geb. 1962) 72
Wenner, Griseldis (geb. 1970) 91

Whittaker, Roger (geb. 1936) 62
Wiedeking, Wendelin (geb. 1952) 56, 62, 122, 140, 141
Wiese, Uwe (geb. 1953) 45, 47, 48, 59
Wiesheu, Otto (geb. 1944) 70
Wigman, Mary (1886–1973) 34
Wilke, Elisabeth (geb. 1952) 45, 46
Winterkorn, Martin (geb. 1947) 139, 140, 141, 177
Wolf, Ulrike (geb. 1944) 89
Wolframsdorf, Otto von (1803–1949) 29
Wollrad, Rolf (geb. 1938) 45, 48
Wulff, Bettina (geb. 1973) 122, 124, 126
Wulff, Christian (geb. 1959) 121, 122, 124, 126, 145

Yoncheva, Sonya (geb. 1981) 148

Zanetti, Massimo (geb. 1962) 150
Zenzipér, Arkadi (geb. 1958) 97
Zeppenfeld, Georg (geb. 1969) 56
Zerquero–Blanco, Roberto (geb. 1937) 62, 72
Zimmer, Hans E. (geb. 1944) 47
Zimmermann, Udo (geb. 1943) 42
Zoudé, Dennenesch (geb. 1966) 175, 176

Literaturverzeichnis

Bartnig, Hella; Neidhardt, Hans Joachim; Krull, Evelyn und Dieter:
Semperoper –
Gottfried Sempers Opernhaus zu Dresden. –
Edition Lerchl Meißen 1995

Czok, Karl:
August der Starke und Kursachsen. –
Koehler & Amelang Leipzig 1988

Endler, Franz:
Johann Strauss.
Um die Welt im Dreivierteltakt. – Amalthea Wien München 1998

Griebel, Matthias (Hrsg.):
Dresdner Geschichtsbuch 4. –
DZA Altenburg 1998

Helas, Volker; Kukula, Ralf:
Ballhäuser in Dresden. –
Michel Sandstein Dresden
2. Auflage 2007

Helfricht, Jürgen:
Casanovas ergötzliche Abenteuer in Sachsen. –
Tauchaer Taucha 1998

Helfricht, Jürgen:
Das Königliche Dresden. –
Husum Husum 2011

Helfricht, Jürgen:
Die Dresdner Frauenkirche.
Eine Chronik
von 1000 bis heute.
– Husum Husum 8. Auflage 2014

Helfricht, Jürgen:
Die Wettiner. Sachsens Könige, Herzöge, Kurfürsten und Markgrafen. –
Sachsenbuch Leipzig
5. Auflage 2012

Helfricht, Jürgen:
Kleines Dresden-ABC. –
Husum Husum 2. Auflage 2014

Helfricht, Jürgen:
Kleines ABC des Meissener Porzellans®. –
Husum Husum 2. Auflage 2012

Helfricht, Jürgen:
Liebenswertes Dresden.
Dresden, close to my heart. –
Husum Husum 2012

Helfricht, Jürgen:
Peter Schreier. Melodien eines Lebens. – Verlag der Kunst Husum 2008

Helfricht, Jürgen:
Zauberhaftes Dresden.
Silhouetten von Elbflorenz. –
Husum Husum 2010

Höntsch, Winfried:
Opernmetropole Dresden. –
Verlag der Kunst 1996

Kunz, Johannes:
Der Wiener Opernball. –
Molden Wien 2002

Magirius, Heinrich:
Die Semperoper Dresden.
Baugeschichte,
Ausstattung, Ikonographie. –
Edition Leipzig 2004

Magirius, Heinrich:
Die Semperoper zu Dresden. –
Edition Leipzig 2000

Matzerath, Josef:
Adelsprobe an der Moderne: Sächsischer Adel 1763 bis 1866. Entkonkretisierung einer traditionalen Sozialformation. –
Franz Steiner Stuttgart 2006

Mueller-Stahl, Armin; Hallaschka, Andreas:
Dreimal Deutschland und zurück. –
Hoffmann und Campe Hamburg 2014

Renn, Ludwig:
Adel im Untergang. –
Das Neue Berlin Berlin 2001

Sachsen, Prinz Ernst Heinrich von:
Mein Lebensweg vom Königsschloß zum Bauernhof. –
Verlag der Kunst Dresden Basel 1995

Schneidereit, Otto:
Johann Strauss und die Stadt an der schönen blauen Donau. –
VEB Lied der Zeit Berlin 1975

Schnitzer, Claudia:
Constellatio Felix. Die Planetenfeste Augusts des Starken anlässlich der Vermählung seines Sohnes Friedrich August mit der Kaisertochter Maria Josepha 1719 in Dresden. – Michel Sandstein Dresden 2014

Schnitzer, Claudia; Hölscher, Petra (Hrsg.):
Eine gute Figur machen. Kostüm und Fest am Dresdner Hof. –
Verlag der Kunst Dresden 2000

Spiecker, Oliver:
8. SemperOpernball
1. Februar 2013. –
Semper Opernball e. V. Dresden 2013

Spiecker, Oliver:
9. SemperOpernball
7. Februar 2014. –
Semper Opernball e. V. Dresden 2014

Sponsel, Jean-Louis:
Der Zwinger, die Hoffeste und die Schloßbaupläne zu Dresden. –
Stengel & Co. Dresden 1924

Syndram, Dirk (Hrsg.):
Das Grüne Gewölbe zu Dresden. Führer durch seine Geschichte und seine Sammlungen. –
Koehler & Amelang München Berlin 1994

Syndram, Dirk:
Die Schatzkammer Augusts des Starken. –
E. S. Seemann Leipzig 1999

Zimmerli, Ellen:
Dresdens Ballhäuser. Vergnügungsstätten des Kleinbürgertums nach höfischem Vorbild. – In: Lindner, Rolf; Moser, Johannes (Hrsg.):
Dresden. Ethnografische Erkundungen einer Residenzstadt. –
Leipziger Universitätsverlag Leipzig 2006

Fotos und Reproduktionen

Matthias Creutziger
43, 52, 55 (2), 58, 67, 92, 126, 131, 132/133, 135, 150

Sylvio Dittrich
Titelseite, 60/61, 82, 84, 88, 91 (2), 151

Erwin Döring
47

Stefan Häßler
39

Klaus Herrich (Archiv)
49

Uwe Herrmann
117

Jürgen Helfricht
10, 11 (3), 13, 14, 19, 21, 22 (2), 23, 24, 26/27, 28, 29, 30, 31, 32, 32/33, 34, 35, 38 (2), 44, 45, 46 (6), 50/51, 54, 66

Historisches Archiv Semperoper
21

Juwelier Leicht
63

Kongressbild.de/
Stephan Floss, 64, 93, 114, 115, 118/119, 120, 122, 123, 125 (2), 127, 128/129, 130, 136/137, 148, 149, 152/153, 155, 156, 163, 168, 171

Luftbildservice Angermann
158/159

Jürgen Männel
64

Museen der Stadt Dresden/
Städtische Galerie Dresden
16/17

Anja Pietsch/Jens Rötzsch
89, 106/107, 110/111, 146/147

pixelfotoexpress.de
161, 162

Willy Rentsch
9, 10, 12, 18

Holm Röhner
57, 78/79, 80, 81, 85, 86/87, 104, 105, 108, 109, 122, 166

Dirk Sukow
62 (2), 63, 70, 72 (2), 76, 81, 83, 113, 116, 121, 122 (2), 125 (2), 134, 138, 139, 140, 141, 144, 154 (2), 157, 160, 161, 164/165, 167, 169 (3)

Marion Täubrich
36, 37 (2), 40/41

ThomasKoehlerTrutschel_
photothek_net 84, 145

Dr. Thorausch
122, 150

Sabine Wenzel
68/69

Uwe Wiese
48

Dank

Der Autor dankt einer Vielzahl von Persönlichkeiten, die durch erhellende Gespräche, eigene Materialsammlungen und wichtige Zeitdokumente zum Gelingen dieses Buches beigetragen haben. Neben den Altministerpräsidenten Prof. Kurt Hans Biedenkopf und Prof. Georg Milbradt schenkten mir beispielsweise auch Landtagspräsident Dr. Matthias Rößler, die früheren Dresdner Oberbürgermeister Wolfgang Berghofer und Dr. Ingolf Roßberg sowie der amtierende Semperoper-Intendant Wolfgang Rothe ihre Zeit. Unschätzbar wertvoll waren die langen Unterhaltungen mit Ball-Impresario Prof. Hans-Joachim Frey. Ebenso jene mit Konzertveranstalter Bernd Aust, dem früheren technischen Direktor der Semperoper Volker Butzmann, Sänger und Moderator Gunther Emmerlich, Juwelier Georg Leicht, Unternehmer Wolfgang Schweizer und Schauspieler Wolfgang Stumph. In die Zeit des Musenfestes 1989 versetzten mich der frühere Künstlerische Betriebsdirektor der Semperoper Hans Matz, Musenfest-Produktionsleiter Klaus Herrich, der zudem Recherchen über die Vorkriegsbälle einbrachte, Ordinariatsrat Christoph Pötzsch, Kammersänger Peter Schreier und viele andere. Ihre Kostüm-Entwürfe und detailreichen Erinnerungen brachte Helga Alschner ein. Mit historischen Fotos, Ballspenden und Anekdoten bereicherten Brigitte Bela aus Bonn, Inge Helleken und Marion Täubrich aus Dresden das Werk. Freundliche Konversationen gewährten auch Designer Uwe Herrmann, MDR-Fernsehdirektor Wolf-Dieter Jacobi, das Tanzlehrer-Ehepaar Sabine und Tassilo Lax, Rechtsanwalt Horst-Michael von Kummer, Bankdirektor i. R. Rainer Naseband, Aktionskünstler Tom Roeder, Geschäftsführerin Sonja Schilg vom Staatsweingut Schloss Wackerbarth sowie Gastronom Uwe Wiese. Ohne die Damen und Herren des Sächsischen Hauptstaatsarchivs, der Sächsischen Landesbibliothek und des Historischen Archivs der Semperoper wäre sicher manch historisches Detail übersehen worden.

Nicht zuletzt bedanke ich mich bei meiner lieben Frau Karina, die seit 25 Jahren die zeitaufwendigen Recherchen für alle publizistischen Arbeiten toleriert und meine Manuskripte kreativ-kritisch begleitet.

Impressum

© edition Sächsische Zeitung
SAXO'Phon GmbH
Ostra-Allee 20, 01067 Dresden
www.saxophon-verlag.de

Autor
Dr. Jürgen Helfricht

Grafische Gestaltung
Thomas Walther, BBK
Realisierung
www.oe-grafik.de
Druck
Elbtal Druck und Kartonagen GmbH

Alle Rechte vorbehalten
Das Werk einschließlich aller seiner Teile ist urheberrechtlich geschützt. Jede Verwertung außerhalb der engen Grenzen des Urheberrechtsgesetzes ist ohne hzustimmung unzulässig und strafbar. Das gilt insbesondere für Vervielfältigungen, Übersetzungen, Mikroverfilmungen und die Einspeicherung und Verarbeitung in elektronischen Systemen.

ISBN 978-3-943444-36-0